석학
人文
강좌
01

문명의식과 실학

석학人文강좌 **01**

문명의식과 실학 – 한국 지성사를 읽다

2009년 3월 23일 초판 1쇄 발행

지은이 임형택
펴낸이 한철희
펴낸곳 돌베개
책임편집 최양순 · 이경아
편집 조성웅 · 김희진 · 고경원 · 신귀영
디자인 이은정 · 박정영
디자인기획 민진기디자인

등록 1979년 8월 25일 제406-2003-018호
주소 (413-756) 경기도 파주시 교하읍 문발리 파주출판도시 532-4
전화 (031) 955-5020
팩스 (031) 955-5050
홈페이지 www.dolbegae.com
전자우편 book@dolbegae.co.kr

ISBN 978-89-7199-332-3 04300
ISBN 978-89-7199-331-6 (세트)

이 도서의 국립중앙도서관 출판시도서목록(CIP)은
e-CIP 홈페이지(http://www.nl.go.kr/ecip)에서
이용하실 수 있습니다. (CIP제어번호: CIP2009000555)

이 저서는 '한국학술진흥재단 석학과 함께하는 인문강좌'의 지원을 받아 출판된 책입니다.

석학 人文 강좌 01

문명의식과 실학

한국 지성사를 읽다

임형택 지음

돌베개

책머리에

이 책은 문명론의 시각에서 고전 읽기를 한 것이다. 대상이 된 고전은 한반도라는 시공간에서 저술과 독서의 행위를 통해 이루어진 것이므로, 이 책은 곧 한국의 역사에 대한 지성사적 물음인 동시에 문명사적 반성의 의미를 띠고 있다고 하겠다.

20세기 전후의 한국이 여기서 논의의 발단이다. 그 시점은 신구와 동서가 혼효·쟁투한 그야말로 '문명 갈등의 시대'였다. 현재 우리가 경험하는 문물제도 전반이 그 시점에서 비롯된바, 동양적 구문명은 무대에서 배우가 퇴장하듯 일시에 사라지고 서구적 근대 문명이 등장한 것처럼 흔히들 생각해 왔다. 이야말로 기억상실증 아니면 착시 현상이다. 당시 치열했던 '문명적 갈등'의 상황을 간과해 버린 것이다. 그 당시 '문명적 갈등'의 현장에 분출된 지식인들의 창조적 노력과 고뇌의 함성은 마치 동네 개의 짖음같이 망각의 시간 속으로 사라진 모양이다.

100년 전에 한반도상의 문명 갈등을 어떻게 이해할 것인가? 나는 당시의 문명 갈등은 개념 문제에서 비롯되었다는 점을 먼저 유의했다. 그리고 문명 개념의 전도로 인해서 분분하게 제기된 문명담론의 주체는, 당연한 노릇이지만 지식인들이었다는 점을 중시했다. 나는 거기서 시간 여행을 하여 14세기로 올라갔다. 이때 고려에서 조선으로의 왕조 교체가 일어났는데, 한반도상의 역사 전환을 나는 대원제국의 해체가 유라시아 대륙에 걸쳐 파장을 일으킨 세계사적 움직임에 연동된 현상으로 인식했다. 다음 20세기의 역사 전환은 전 지구적으로 진행된 서구 주도의 근대가 한반도상에 진입한 과정이며, 거기에 대응하는 움직임이 문명 갈등으로 표출된 것으로 보았다. 이와 같은 견해를 정리한 내용이 책의 모두冒頭에 실린 「문명 개념과 한국의 역사 전환」이다. 한반도상에서 착종된 문명 개념을 통일적·입체적으로 인식하기 위한 시론인 셈이다.

문명론의 주체는 지식인이다. 지식인의 문명의식이 역사를 움직인 사상적 동력이라고 말해도 좋을 것이다. 우리 조상들의 참다운 선비〔士〕 정신이란 문명의식에 다름 아니다. 모두 논문에서 확인한 사실이기도 하다. 이 책은 모두 논문에 이어서 동아시아의 중국 중심 체제에 선각적으로 문제 제기를 한 『열하일기』의 박지원, 경학經學과 경세학經世學을 엮어서 위대한 학적 체계를 구축한 정약용, 해양으로 열린 학지學知를 탐구한 이강회, 동서 회통의 기학氣學을 수립한 최한기를 다루었다. 책의 주 내용을 이룬 부분이다. 서세동점이란 세계사적 운동으로 17세기 이후 동아시아는 조공체제가 동요했던바, 이런 상황에 비추어서 실학의 의미를 해석하고자 한 것이다. 이 책은 초점을 처음부터 끝까지 한국 역사에 두고 있으면서도 시야를 확장해 동아시아적 차원에서 논했을 뿐 아니라, 전 지구적 상황까지 항시 염두에 두었다. 이것이 내가 취한 관점이다. 그런 안목으로 과연 얼마나 명철했고 어느 정도 성과를 거두었는가 하는 점은 스스로 판정할 수 없는 문제다. 오직 널리 독자 여러분의 가르침을 구할 따름이다.

지금 21세기는 문명적 위기의 시대라고 하는 데에 이미 인류적 공감대가 형성된 것도 같다. 지구의 생태 환경이 위기를 가시적으로 느끼게 하지만, 현대인들의 생활 태도나 도덕적 심리를 보면 절망감을 떨쳐 버리기 어렵다. 당면한 문명 위기는 필히 인류적으로 극복해야 할 과제임은 더 말할 나위 없다. 실로 문명사적 반성을 요망하고 있다. 이런 중차대한 문제에 당해서는 사고의 매개적 거점이 필요하다. 이 책은 오늘의 문명사적 반성에 한 매개적 거점이 되었으면 한다.

이 책이 나오게 된 경위에 대해서 말해 두어야겠다. 지난 2008년 10월에서 11월 사이, 한국학술진흥재단에서 주관한, '석학과 함께하는 인문 강좌'에서 강연한 내용을 정리한 것이다. 강좌에서 단행본의 출간까지 이어진 기획으로 이 책이 출현하게 된다. 나는 당초 '인문 강좌'의 제안을 받고서 고사했다. 나 자신을 돌아볼 때 석학이라고 나서기에 부끄럽기도 했지만, 불특정 다수의 청중 앞에 나를 노출시키는 일이 심히 주저되었다. 그런 한편으로 평생 학문이라고 해온 터인데 일반 시민들에게 직접 학문적으로 다가서고도 싶었다. 나는 타의 반·자의 반으로 모험을 해본 것이다. 그런데 어눌하게 발화되는 나의 강연 내용에 청중의 반응이 의외로 높고 진지한 편이었다. 경청한 분들의 관심과 흥미가 책으로 출간하기 위한 나 자신의 작업에 힘을 보태주었음을 여기에 밝혀 둔다.

원래 내가 담당한 강좌는 4회에 걸쳐 행한 다음, 마지막에는 종합 토론이 있었다. 4회의 강좌에서 다룬 내용이 수정·보완의 작업을 거쳐 이 책에 실려 있음이 물론이다. 다만 「19세기 바다, 실학에서 바다로 열린 학지: 이강회의 경우」 1편은 새로 들어간 글이다. 이 주제가 책 전체에 긴요하고 어울리는 것으로 여겨져서 굳이 보충한 것이다. 종합 토론은 김문식 교수의 사회로 진행된바 백영서 교수, 강정인 교수, 한형조 교수가 참여했다. 이 네 분이 여러모로 고견과 비판을 제시해 주셔서 스스로 가다듬을 기회가 되었으며, 그중의 일부를 정리 작업에 반영시켰다. 경의와 감사를 드린다. 그리고 아울러 인문 강좌 운영위원회 여러분들께도 감사의 말씀을 드린다.

이 책이 인문학 서적 전문 출판사인 돌베개에서 나오게 되어 반갑다. 한철희 사장을 비롯해서 책을 알뜰하게 만드는 데 수고하신 이경아 팀장, 최양순 선생 등 돌베개 식구들에게 고마운 뜻을 표해 마지않는다.

2009년 3월

임형택

차례

1장

문명 개념과 한국의 역사 전환

14세기 말과 20세기 전후

I

14세기와 20세기의 역사 전환

한반도상에서 유사 이래 최대의 변혁기가 언제였냐고 묻는다면 나는 서슴없이 지난 20세기를 전후한 시기라고 답변할 것이다.

당시에 그야말로 경천동지할 변혁이 일어났기 때문이다. 그런 때일수록 오히려 조용히 다가서 보는 편이 좋을 것 같다. 방금 쓴 '유사 이래'란 표현은 역사의 기록이 있는 시기부터라는 뜻이다. 우리의 옛 역사의 기록이란 모두 다 한문으로 쓰였는데, 이 한문 자체가 퇴출을 당하는 사태가 바로 이 시기부터서 일어난 것이다. 한문은 왜 이때 와서 퇴출을 당했을까?

요컨대 한문을 공적인 문자로 사용한 체제가 무너지면서, 그 체제가 양성한 문화도 함께 퇴장을 한 것이다. 이 시점은 한반도가 '서구적 근대'로 편입되는 과정이라고 말해도 좋을 듯하다. 그야말로 문명적 전환점이었다. 아울러 유의해야 할바 지금 우리의 삶이 이루어지는 현재가 바로 그 연장선에 놓여 있다는 사실이다.

우리가 이 20세기 전후에서 시간 여행을 해, 500년을 거슬러 올라가면 만나게 되는 14세기 말 역시 하나의 큰 역사 전환점이었다. 중국 대륙에서 원제국元帝國이 막북漠北으로 철수하고 명조明朝가 출현하자 그 파장은 서쪽으로 밀려가 러시아에 모스크바 공국이 들어섰으며, 서유럽에서의 지리상의 발견이나 르네상스 운동까지도 관련지어 볼 여지가 없지 않다. 이 유라시아 대륙에 걸친 중국발發 역사 운동은 대륙의 동쪽 끝에 위치한 우리 한반도상에 닿아서는 고려에서 조선으로의 왕조 교체라는 현상으로 나타난 것으로 볼 수 있다.

지금 나는 한반도상에서 일어난 두 획기적인 시기를 세계사적 차원에서 제기한 셈이다. 양자는 500년이란 시간적 거리가 있으니, 그에 따라 전환의 역사적 배경이나 성격이 상이했음은 물론이다. 앞의 14세기에다가 뒤의 20세기와 같은 '문명적 전환'이란 개념을 붙일 수는 없다고 본다. 하지만 당시의 역사 전환에도 문명적 의미가 긴요했음에 주목할 필요가 있다. 양자를 상호 연계시켜서 바라보되 문명론의 시각에서 해석하자, 이것이 내가 취하는 입장이다.

한국의 20세기 역사 전환점에서 문명 갈등이 왜 그토록 심각하고도 치열한 상태로까지 발전했던가 하는 의문은 그 선행 시기의 문명 전통을 고려하지 않고는 설명하기도 납득하기도 어렵다. 그리고 그 이후로 이질화가 발전해 문화적 단층이 커졌다. 한국은 지난 20세기 100년을 통과하는 사이에 달라져도 엄청나게 달라진 것이다. 근대 이전과 이후로 한국인, 한국 문화는 사실상 서로 소통이 안 되는 타자처럼, 낯선 풍경의 이역異域처럼 되고 말았다. 왜 이런 현상이 발생했을까?

지금 나는 21세기에 서서 우리가 경험한 20세기—근대 한국에 대해 반성적 문제 제기를 하고 있다.

2

문명의 전통적(동양적) 개념

(1) 문명의 근대적 개념

지금 우리가 쓰는 문명이란 말은 동아시아 국가들의 근대화 과정에 도입된 서구어를 번역한 것이라고 한다. 일본에서 이 용어를 처음 채택했던바 한국, 중국으로 역수출되었다는 것이다.

나는 요즘 유력한 학설로 떠오른 이 견해에 일단 동의하면서도 따져 물을 점이 있다고 본다. 문명은 영어의 시빌라이제이션civilization (불어로는 civilisation)에 대응시킨 단어다. 어원은 라틴어의 시민이라는 키비스civis, 도시를 뜻하는 키빌리타스civilitas라고 하는데, 18세기 후반 불란서에서 당시 계몽주의의 진보 사상을 담지한 개념으로 등장한 것이다. 이 말이 영국에서도 뒤미처 쓰이기 시작했다고 한다. 여기서 나는 서구적인 문명 개념은 당초에 근대에서 탄생한 것이며, 근대성이 그 자체의 속성이라는 점을 분명히 해두고 싶다.

일본 근대가 채용한 근대적 문명 개념은 일본 근대 자체가 그렇듯이 서구적으로 규정된 것임이 사실이다. 그리고 근대화=서구화의 일본 모델이 중국과 한국에 폭넓게 수용되었던 터이므로 근대적 문명 개념 또한 중국과 한국에 접수되었던 것이 자연스런 추세였다고 하겠다. 그러므로 근대적인 의미의 문명은 한자문화권에서 종래 써 오던 문명文明과 글자는 같지만 내포 의미는 다른, 아예 동이 닿지 않는 말이라는 것이다. 이렇게 단절시켜 보기 때문에 한자문화권의 전통적인 문명 개념과 근대적=서구적 문명 개념이 서로 갈등하고 충돌하는 관계에는 눈이 닿지 않았던 것이 아닌가 싶다. 내가 우선 제기하는 문제점이다.

일본의 메이지明治 시기 지식인들, 그네들 스스로도 문명이란 이 말을 과연 전통적인 개념과 무관하게 분리해서 사고했을까? 일본 근대화의 지도 교수라고 일컬음 직한 후쿠자와 유키치福澤諭吉(1835~1901)의 경우를 하나의 사례로 들어 보자. 그는 바로 『문명론의 개략』文明論之概略이란 책에서 "세상에 아직 지문지명至文至明한 나라는 없으므로"(1권 3장)라고 쓰고 있다. 지극히 문하고 지극히 밝다는 뜻의 '지문지명'이란 고전적 언어 관행을 빌려서 문명의 지극한 상태를 수식한 것이다. 비록 수사적이긴 하지만 이 용법을 통해 그의 뇌리에 고전적 문명 개념이 입력되어 있었음을 확인할 수 있다. 그의 또 하나의 대표작으로 손꼽히는 『학문의 권장』學問之勸奬에는 "우리 일본의 문명도 처음에는 조선과 중국에서 전해져 왔다. 그것을 우리나라 사람들이 절차탁마切磋琢磨해서 발전시켜 오늘날에 이르렀다"(제9편)고 한 대목이 나온다. 이 전통적 문명에 대조되는 것이 '양학'洋學의 문명, 즉 서양 문명이다. 서양 문명을 배우는 것이 근대화의 필수라고 그는 확신했다. 『학문의 권장』이란 다름 아닌 서양 문명의 학습을 뜻한다.

"국학國學(일본 전통의 지식 학문)과 한학漢學(한자문화권 보편의 지식 학문)의 고서만을 연구하고 서양의 새로운 학문을 무시하며 옛것만을 믿고 새로운 것을 의심하는 사람은 여름에 모기장이 잘 팔렸다고 해서 겨울에도 모기장을 사들이는 것과 같다고 할 수 있다."(제14편)

구舊 문명이 비록 '겨울철 모기장'처럼 제쳐지긴 했지만, 그의 사고 내면에서 고려 대상이 되었던 것만은 분명해 보인다. 그 스스로 자기를 "한 몸으로 두 생을 사는 신세"라고 말하기도 했다. 그러니 그의 전신에 입력되었던 동양적=전통적인 개념의 문명이 후신으로 와서 삭제되지 않았을 것임은 말할 나위 없지 않았겠는가. 이는 후쿠자와의 개인적 성향이 아니고 메이지 시기 일본 지식인들의 정신 현상이었다고 보아도 좋을 것이다.

(2) 중국 고대에 형성된 문명 개념

그렇다면 본디 있던 '문명'이란 말의 내력은 어떠한 것이었던가? 문명 개념의 동양적 기원을 알아보려는 물음이다.

종래 통용되던 문명이란 두 글자가 언제 중요한 개념으로 등장했던가? 어느 때인지 단정하기 어렵지만, 까마득한 옛날이다. 우리 조상들이 경전으로서 읽던 『주역』周易에 벌써 용례들이 나오는 것을 볼 수 있다. 『주역』과 함께 삼경의 하나인 『서경』書經(일명 『상서』尙書)에도 문명이란 개념을 구사해서 순舜의 공덕을 칭송한 구절이 보인다. 그런데 바로 이 대목은 『서경』의 진짜 글이 아니고 후인이 가짜로 만들어 넣은 것이라 한다. 이른바 '위고문상서'僞古文尙書에서 조작된 부분에 속하기 때문이다. 4세기 무렵 매색梅賾이란 학자의 손에서 『상서』의 예로부터 전해진 진경문眞經文과 후세에 조작된 가경문假經文을 뒤섞어 놓은 『상서』가 만들어진 것이다. 이 위작의 『상서』를 이후 2000년 가까운 세월 동안 어엿이 경전의 하나로 받들어 왔다. '가짜 만들기'라도 실로 성스러운 '가짜 만들기'로서 성공 사례에 속하는 셈이다. 그러던 것이 청대의 고증학에 의해 비로소 위작임이 판명되었으며, 조선의 실학에서도 정약용丁若鏞이 그 진위를 변석辨析하는 데 심혈을 기울여 『매씨서평』梅氏書平이란 대저大著를 남겼다.

'위고문상서'는 가짜로 판명된 이상엔 일고의 가치도 없다고 보아야 할 것이며, 따라서 순임금에게 연계된 '준철문명'濬哲文明이란 구절 역시 날조한 것임은 말할 나위 없다. 그렇긴 하지만, 실증적 차원에서 부정되더라도 경전의 권위를 누려 온 역사적 사실까지 지워질 수는 없지 않은가. 그 역사적 사실에 경전적 의미가 결부되어 있었음은 물론이다. (여러 종교의 경전들이 모두 실증적 진실만을 담고 있는 것은 아니지 않은가.) 그리고 순임금을 기리는 데 구사된 문명이란 두 글자는 근거가 있어서 붙여진 것임을 유의할 필요가 있다.

『상서』 첫머리 「요전」堯典에서 요임금의 위대한 덕을 칭송해 흠欽·명明·문文·사思의 네 글자로 표현한바, '문'은 '천지의 질서를 세운다'는 의미의 경위천지經緯天地, '명'은 사방을 '밝게 비춘다'照臨四方는 의미로 해석했으니(정현鄭玄의 설說), 문명 개념 그것이다. 매색은 「요전」에서 「순전」舜典을 자의적으로 분리하면서 「요전」의 시작 대목을 본떠서 조작했던 터이거니와, 흠·명·문·사에서 '문명' 두 자를 무단 절취, 순임금에게 전용을 한 모양새다.

지금 다분히 현학적으로 비쳐질 내용을 굳이 들추어내는 까닭은 문명이란 본디 성인에게 해당했다는 점을 지적하기 위해서다. 저 『주역』에서 이른바 "나타난 용이 지상에 있으매 천하가 문명한다"見龍在田 天下文明(「건괘」乾卦·문언文言)라고 한 데서 천하에 문명을 펼치는 주체로 설정된 용이란 상징물은 곧 성인을 가리키는 것으로 해석되고 있다. 중국 역사상의 요堯·순舜·우禹·탕湯·문文·무武로 이어지는 성왕의 계보는 곧 인류에게 문명을 개창한 존재로서 인식한 것이다. 공자의 경우 비록 제왕의 지위에 있지는 않았으나 위 성왕의 도를 승계, 후세에 전해 준 존재이기에 역시 성인으로 인정받았다. 요컨대 문명의 체현자가 성인이다. 중국 고대의 문명 개념은 성인에게서 발원했다고 말할 수 있다.

이처럼 성인과 결부된 문명은, 성인이 만고의 사표로 받들어졌듯 후세에 이상적인 전범으로서 반드시 돌아가야 하는 원형처럼 의식되었던 것이다. 이 고전적 문명 개념에서 두 가지의 고유한 속성을 지적해 볼 수 있다.

하나는, 문명이란 용어는 중심이 문文에 있다는 점이다. 그리고 명明은 태양의 광채가 지상을 밝게 하듯 세상이 개명하는 형국을 지칭한다. 즉 문이 고도로 실현된 상태를 표현한 것이 명이므로, 문이 근본〔體〕이고 명은 문의 운용 형태〔用〕인 셈이다. 문이란 과연 무엇을 의미하는가? 문이란 글자는 천지와 세상의 만물 만사를 포괄하면서 추상도가 극히 높은 것이다. 문이 지칭하는바 천지의 질서를 세운다는 지고의 정치적 구현을 뜻하는 '경위천지'는 성인이라야 감당할 수 있는 사업이다. 그리고 인류가 개명하는 데 문자는 가장 긴요한 수단이었던 터라, 인간과 직결해서 인문人文*이란 개념이 문명과 유사한 개념으로 통용되는 한편, 문자의 아름다운 쓰임을 뜻하는 문장文章이란 용어도 아울러 등장했다. 또한 도道와 문을 통일적으로 사고하는 논리에 따라 문명과 유교는 불가분리의 관계로 여겨져 왔다.**

다른 하나는, 문명은 어디까지나 중국 중심적이라는 점이다. 문명

---

* 원래 '인문'은 하늘〔天〕과 땅〔地〕과 사람〔人〕을 연계해 사고하는 논리에 의해서 성립한 개념이다. 『주역』의 비괘(賁卦)에 "천문을 살펴서 때의 변화를 살피고, 인문을 살펴서 천하를 변화시켜서 이룩한다"(觀乎天文以察時變, 觀乎人文以化成天下)는 말이 나온다. 즉 천문은 해와 달, 별 같은 우주의 현상을 표현한 것임에 대해서 인문은 시(詩)·서(書)·예(禮)·악(樂)을 뜻하는 것이다. 인문은 곧 인간의 문명을 가리키는 것이라고 할 수 있다. 인문학이란 개념은 후마니타스(humanitas)의 번역어지만, 그 동양적 어원도 풍부한 의미를 지니고 있는 것이다.

** 도(道)는 근본임에 대해서 문(文)은 그 표현 형식으로 생각했다. 구분하자면 도는 철학적인 것이고, 문은 문학적인 것이라고 말할 수 있다. 그런데 전통적 패러다임에 있어서 도와 문은 둘이 아니고 하나, 즉 도문일치(道文一致)라고 사고했다. 관도론(貫道論)이나 재도론(載道論)은 이 사고의 논리를 대변한 문학관이었다.

이란 개념이 도출된 저 요순에서 공자로 이어진 성인의 계보는 중국 고대의 역사가 발전하는 과정에 다름 아니었다. 문명은 중국 역사의 실체로서 중국의 가치를 대변했던바 중국을 가리키는 중화中華니 화하華夏니 하는 명사 또한 문명론적 개념이다. 중국이란 통용되는 국명부터 세계의 중심이라는 지리적 개념이면서 문명론적 개념이다. 중국 = 세계 중심 = 문명이라는 등식이 성립한 것이다. 그리하여 중국이라고 할 때 상정되기 마련인 사방四方은 지칭하는 말부터 동이東夷·서융西戎·남만南蠻·북적北狄으로 모두 야만을 뜻한 것이었다. 그에 따라 중심부의 문명을 가지고 주변부의 야만을 교화시킨다는 취지의 '용하변이'用夏變夷라는 논리가 성립되었다.

(3) '문(文)의 문명'의 파급 양상

중국 고대에 성립한 '문의 문명'이 그 주변 지역으로 확산되기에 이른 것은 물이 위에서 아래로 흐르듯 자연스런 현상이라고 볼 수 있다. 그리하여 '동문同文의 세계'—한자문화권이 동아시아 지역에 형성되었다. 한자문화권은 '문의 문명'의 동심원적 확대인 셈이다.

그런데 '문의 문명'의 확산이 물이 흐르듯 자연스런 현상이라고 결코 단정할 수는 없다. 중국 서쪽 변경의 티베트나 위글, 북쪽의 몽골 지역으로는 '문의 문명'의 영향이 현저하지 않았다. 중국과의 관계가 여러모로 밀접했던 역사에 비추어 의아스런 느낌이 들기도 한다. 반면, 중국 동쪽의 한국·일본, 그리고 남방의 월남 지역으로는 영향이

넓고 깊게 미쳤던 것이다. 지금 일컬어지는 한자문화권이란 다름 아닌 이들 지역이다. 어째서 '문의 문명'이 서북방으로는 파급되지 않고 동남방으로는 활발하게 파급되었을까? 당연히 관심을 두고 해명해야 할 과제인데, 나의 소견으로는 유목과 농경이라는 양쪽의 생활 조건 차이가 주요인으로 작동했던 것이 아닌가 한다.

그 중심부로 보아 동이에 속한 한민족은 다른 변방 지역에 비해서 문명을 수용하는 자세가 능동적이고도 적극적이었다. 한반도에서 바다를 건너 위치한 일본 역시 문명의 중심부에서 상대적으로 멀리 떨어져 있으면서도 문명 지향은 한국 못지않게 적극적이었던 듯하다. 그러면서 다른 면모를 띠었던 것도 같다. 유명한 이야기지만, 8세기 무렵 일본이 중국 수隋나라 황제에게 보낸 국서에서 발송자를 '해 뜨는 곳의 천자'日出處天子로, 수신자를 '해 지는 곳의 천자'日沒處天子로 명기했다는 것이다.[1] '해 뜨는 곳'日出處이란 어구에 문명의 선진국이라는 함축된 의미가 내포되었는지 여부는 모르겠으나 중국에 대한 대결의식만은 더없이 노골적이다. 한국의 역사에서 중국에 '맞장 뜨자'고 말로라도 덤벼든 사례는 찾아보기 어렵다. 항시 중국에 대해 '사대의 예'를 공손히 차렸으며, 언제고 중국을 문명의 중심으로 생각해 해바라기처럼 바라보았던 것이다.

그렇다면 한반도상에서 중국의 문명을 언제, 어떻게 받아들였을까? 이 물음에 관해서는 확답을 할 정도의 연구가 아직 이루어지지 못했다. 다만, 자신 있게 말할 수 있는바 문명 지향은 이른 시기부터 나타났고, 저쪽과의 접촉·교류를 통해서 역사가 발전하고 지식이 개명할 수 있었다. 사례 두 가지를 들어 본다. 신라의 '삼한일통'이란 대업의 기초를 닦은 태종무열왕의 왕비 김씨는 유명한 김유신金庾信의 누이동생이다. 그녀의 호칭이 『삼국사기』에 '문명왕후'文明王后로 나와 있다. 그 무렵 신라는 당나라와 우방의 관계로서 중국의 제도를 받아들여 개혁을 단행하고 있었거니와, 문명이 높은 가치 개념으로 인식되었다는 증거로 삼아 볼 수 있겠다.

신라 말엽에 동방의 최고 지식인으로 손꼽히던 최치원崔致遠(857~?)은 『중용』의 "도불원인"道不遠人(도는 사람에게서 멀리 떨어져 있지 않고)이라는 말에 붙여서 "인무이국"人無異國(사람은 나라에 따라 다름이 있지 않다)이라고 설파했다. 진리는 국경이 있을 수 없다는, 곧 진리의 보편성에 대한 깨달음이다. "그렇기에 동방의 사람들은 승려도 되고 유자도 되어 기어이 서쪽으로 넓은 바다를 건너가서 이중 통역하는 방법을 써서라도 학업을 닦는다."[2] 신라인의 진취성을 날카롭게 드러낸 대목이다. '이중 통역'이란 혜초처럼 불교의 원류를 찾아서 인도로 가는 경우를 가리키는데, 최치원 자신은 유자로서 당에 유학해 문필을 날리다가 귀국했다.

한국의 역사는 기본적으로 문명 지향에 의해 전개되어 왔다고 볼 수 있는데, 특히 원제국을 거쳐 명제국으로 진입하는 14세기는 주목해야 할 시간대다.

3

14세기의 역사 전환과 조선 개국

(1) 대원제국 체제하에서 고려 문인지식층의 각성

1270년 고려는 임시 수도 강도江都(강화도)에서 개경開京(개성)으로 환도함으로써 새로운 역사의 마당으로 들어섰다. 당시 유라시아 대륙에 걸쳐 판도를 확장한 몽골의 대원제국大元帝國에 합류한 것이다. 이후에 전개된 역사의 국면을 우리는 어떻게 평가해야 좋을까?

고려는 몽골 기마군단의 침략에 맞서 40년을 항쟁했다. 고려로서는 야수적 폭력에 무릎을 꿇은 꼴이며, 그로 인해 억압과 간섭을 받은 것이 사실이다. 이규보李奎報(1168~1241)의 민족 서사시 「동명왕편」東明王篇은 대몽 항쟁의식을 담은 작품으로 평가되기도 한다. 그런 한편 상호간에 유대와 교류가 발전하면서 문화적 관계가 긴밀했던 것 또한 부인할 수 없는 사실이다. 이 기간을 전자의 측면에 편중해서 부정적인 쪽으로 생각해 왔으며, 후자의 측면은 묵살하거나 소극적으로 사고했다. 근대사의 식민지 경험이 투영된 결과가 아닌가 싶기도 하다. 지금 우리로서는 어떻게 보아야 할 것인가? 먼저 당시를 살았던 문인 지식층들이 그 시대를 어떻게 의식했는지, 직접 그때 사람들의 말을 들어 보자.

이승휴李承休(1224~1300)의 『제왕운기』帝王韻紀는 중국과 우리나라의 역사를 노래한 작품으로 유명한데, 원제국을 두고 "영토의 광대, 인민의 다중이 개벽 이래 견줄 데 없다"고 감탄을 아끼지 않는다. 그리하여 그 위업에 대해서 '외외탕탕'巍巍蕩蕩(하늘처럼 높고 무한히 넓다는 의미)이란 수식어를 동원해 찬양하고 있다. 이승휴의 앞 세대인 이규보는 몽골 세력을 '달단완종'韃靼頑種이라고 야만시했거니와, 이승휴에 이르러 공자가 요임금의 성덕을 기릴 때 썼던 '외외탕탕' 바로 그 표현을 써서 몽골의 제국에 대해 상찬한 것이다. 다음은 14세기 고려가 배출한 최고의 지성, 목은 이색李穡(1328~1396)의 발언이다.

> 원元이 천하를 소유해 사해가 이미 하나를 이루니 혼돈의 소용돌이에 창조의 약동은 중화와 변방의 차이가 없다. 그러므로 당세의 인재들이 그 사이에서 우뚝 솟아나 힘써 자신의 내면을 확충하고 속에 담긴 정수를 뽑아내 문장으로 펼쳐 일대의 치세를 빛내고 있다. 거룩하도다!
>
> 이색, 「익재난고서」益齋亂藁序

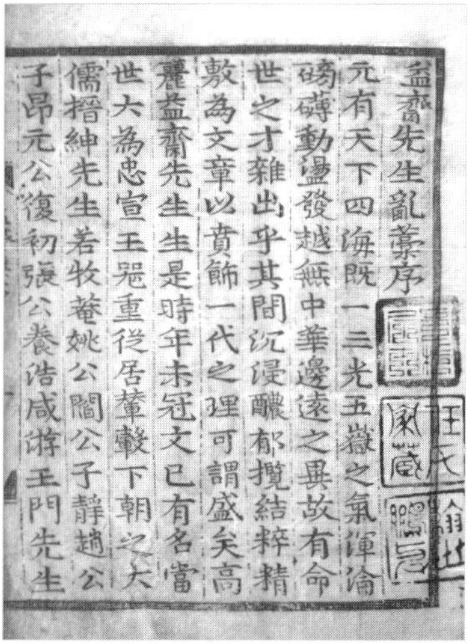

益齋先生亂藁序
元有天下四海旣一三光五嶽之氣渾淪
磅礴動盪發越無中華邊遠之異故有命
世之才雜出乎其間沉浸醲郁攬結粹精
敷爲文章以賁飾一代之理可謂盛矣高
麗益齋先生生是時年未冠文已有名當
世大爲忠宣王器重從居輦轂下朝之大
儒搢紳先生若牧菴姚公閻公子靜趙公
子昂元公復初張公養浩咸游王門先生

이제현 초상. 원화가 따로 전해지는데, 문집에 수록하기 위해 목판화로 제작한 것임.(왼쪽)
이색이 쓴 이제현 문집 서문(『익재난고』)(오른쪽)

제국의 수도에서 활약하다가 귀국, 고려 말의 문풍을 선도했던 문학가 익재 이제현李齊賢(1287~1367)의 문집에 이색이 붙인 서문의 한 대목이다. 이색은 원제국의 대일통적 세계를 마치 창세기의 도래처럼 인식하고 있다. 저 대단히 역동적이고 창조적인 계기는 중심부뿐 아니라 주변부까지, 구별 없이 도래한 것으로 전망한 것이다. 썩 관심이 가는 대목이다. 이제현은 대도大都, 지금의 베이징에서 오랫동안 생활하며 그곳의 일류 문사들과 교유하고 중국 전역을 널리 여행한 것으로 유명하다. 이제현의 탁월한 계승자인 이색 역시 젊은 시절에 유학을 가서 한림학사翰林學士를 역임한 인물이다. 고려의 문인들은 창조적 계기를 원제국을 직접 경험함으로써 간파했던 것이다.

그런데 이색에게는 「정관음」貞觀吟이란 제목의 사시史詩가 있다.* 시인이 대도에서 고국으로 돌아오는 길에 지은 것인데, 당 태종이 고구려 정벌을 강행한 사실을 비판적으로 다룬 내용이다. 중국과 각축한 역사의 현장에서 감회를 표출한 것이리라. 이 시에 당 태종 이세민李世民이 고구려 장수가 쏜 화살에 맞아 애꾸눈이 되었다는 구절이 나온다. 근대의 민족주의 역사가 신채호申采浩(1880~1936)는 민족의 기상을 드러내는 호재료로서 이 시구를 누차 거론한 바 있다. 이색은 원제국의 세계에 합류했지만, '동쪽 나라 사람'東人이라는 자의식이 희미해지지 않고 오히려 예민해졌음을 「정관음」이 증언하는 것이다. 나는 이세민이 고구려를 치다가 애꾸눈이 되었다는 어떤 은밀한 전언을 끌

---

* 원제는 「정관음 유림관작」(貞觀吟楡林關作. 『목은집』 시고 권2 장9~10)으로 되어 있으며, 이색이 23세인 1350년, 원나라 유학 중 일시 귀국하던 도중에 지은 것이라고 한다(『목은선생연보』牧隱先生年譜). "삼한은 신하로 삼지 않았던 기자의 땅 / 치지도외가 역시 득책이 아니었을까 / 어찌하여 금옥의 무력을 움직여서 / 말 재갈 물리고 동녘 땅으로 다다랐던고?" (三韓箕子不臣地, 置之度外疑亦得, 胡爲至動金玉武, 啣枚自將臨東土)라고, 당 태종이 고구려를 치기 위해 군사적 행동을 취한 사실의 부당성을 지적했다. 그리고 "제 주머니 속 물건 취하듯 손쉽게 여겼더니 / 누가 알았으랴! 현화(玄花: 눈동자)가 화살에 맞아 떨어질 줄" (謂是囊中一物耳, 那知玄花落白羽)이라고, 당 태종은 고구려 정벌을 쉽게 끝날 일로 여겼다가 고구려군이 쏜 화살에 맞아 눈깔이 빠졌다는 이야기를 끌어들인 것이다. 특히 당 태종이 애꾸눈이 되었다는 것은 어디에도 나오지 않는 이야기여서 비상한 관심을 끌었다. 지봉 이수광(李睟光)은 "이 사실은 여러 사서에 실려 있지 않은 것인데, 목은 이색이 원나라에 유학 갔을 때 필시 그 일을 자세히 들어서 이 시에 표현했을 것이다" 〔「어언부·잡설」(語言部·雜說), 『지봉유설』(芝峰類說)〕고 했으며, 정약용은 그의 「혼돈록」(餛飩錄)이란 필기류 저작에서 '당 태종이 눈을 잃다' (唐太宗傷目)란 제목으로 지봉의 견해를 인용해 놓았다.

어다 썼음 직한 구절보다 "삼한기자불신지"三韓箕子不臣地라는 구절을 주목해 보려고 한다.

> "삼한은 (중국이) 신하로 삼지 않았던 기자의 땅."
> 〔三韓箕子不臣地〕

삼한, 즉 한반도는 중국에 대해 원래 신속臣屬의 지역이 아니었다는 뜻의 말이다. 그러므로 당 태종이 정벌하겠다고 나선 것은 당초에 정당한 행동이 아니었다는 취지다. 위 구절이 담고 있는 의미다. 설명을 요청하는 대목이다.

기자는 은나라가 망하고 주나라가 서는 과정에서 충신으로 기록된 역사적 인물이다. 아울러 「홍범」洪範이란 글을 후세에 남겨서 성인의 계보에 속하는 존재다. 사마천司馬遷의 『사기』史記에는 "이때 무왕은 기자를 조선에 봉하고 신하로 삼지 않았다"於是, 武王乃封箕子於朝鮮而不臣也(「송미자세가」宋微子世家)는 말이 나온다. 조선의 기자가 된 것이다. 바로 이 자료적 근거를 가지고 이색은 "삼한은 신하로 삼지 않았던 기자의 땅"이라고, 중국에 대해서 독자성을 주장한 것이다.

기자의 존재와 문명의식 · 동인의식

이른바 기자동래설箕子東來說은 당초 중국 중심의 세계주의가 투영된, 일종의 이데올로기다. 그것을 오늘의 한국인은 누구도 믿지 않지만, 예전에는 누구도 의심하려 들지 않았다. 고금의 상반되는 관점 또한 서로 다른 이데올로기적 반응으로 보아야 할 것이다. 고려 말 문인 지식층에 있어서 기자는 어떤 존재였을까? 기자의 형상에는 대개 두 가지 의미가 그려져 있었던 것 같다.

첫째로 기자란 존재는 문명의식과 결부되어 있다. 단군이 현전하는 문헌상에 등장한 것도 실은 이 무렵에 와서다. 『삼국유사』와 위에서 거론한 『제왕운기』에 단군에 관한 기록이 처음 나오는 것이다. 국조國祖로서 단군이란 존재가 비로소 부각되었다고 말할 수 있다. 따라서 당시 각성한 동인의식東人意識의 결과물이라고 해석할 수 있다. 그런데 우리가 여기서 유의해야 할 점이 있는데, 단군의 이미지를 가지고는 문명의 개념이 들어오기 어렵다는 사실이다. 때문에 국조로 단군을 모셔 온 다음, 아무래도 따로 문명의 개창자가 필요해진 것이다.

> 동방東邦 교화敎化의 원류는 대개 기자가 봉封을 받음으로부터 출발했다.
>
> 이색, 「증김경숙비서시서」贈金敬叔秘書詩序

다름 아닌 이색의 말이다. 기자동래설은 당초 중국 측이 설정한 중국 중심주의적 세계 질서의 구도다. 한편 국조인 단군을 모셔 온 이 땅의 문인학자들에게, 충신의 전형인데다 「홍범」洪範이라는 위대한 가르침을 남긴 기자의 존재는 문명의 개창자로서 거부감이 없이, 오히려 거룩한 존재로 받아들여진 것으로 이해된다.[3]

다른 하나는 기자란 존재를 동국의 자주성을 주장하는 논거로 삼았던 점이다. 방금 「정관음」에서 보았거니와, 이색은 직접 중국 사신에게 준 글에서는 이렇게 적고 있다.

> 우리 단군이 나라를 연 것은 실로 제요帝堯 무진년戊辰年이다. 비록 대대로 중국과 통했으나 일찍이 군신의 관계를 맺지는 않았다. 이 때문에 무왕武王이 은殷 태사太師(기자를 가리킴–인용자)를 봉하면서 신하로 대하지 않았던 것이다.
>
> 이색, 「송설부보사환시서」送偰符寶使還詩序

위의 '제요 무진년'은 기원전 2333년으로 단군기원 원년에 해당하는 해다. 우리나라의 역사가 그만큼 유구함을 뜻한다. 이러한 역사 전통에 근거해서 주나라 무왕은 당초 기자를 조선 땅에 봉할 때 신하로 대하지 않았다는 것이다. 중국 측의 사료에 의거한 주장이다. 우리나라는 역사적으로 보면 중국에 군신 관계로 맺어지지 않았던 나라, 즉 자립국이라는 말이다. 위의 인용문의 요지다. 그 논리적 근거로서 기자를 원용한 것이다. 우리가 보기에는 논리가 구차해 아이러니처럼 느껴지기도 하지만, 이렇게밖에 논리를 펼 수 없었던 주·객관적 조건이 있었다고 하겠다.

고려 말의 문인지식층은 민족사의 체계를 단군에서 기자로 잡았는데, 그것은 동인의식과 문명의식의 혼성 형식으로 볼 수 있다.[4]

(2) 원명 교체기 문인지식층의 동향

고려의 문인지식층은 새로운 문명의 계기로 약동하던 원제국에 참여, 직접 들어가 공부를 하고 활동함으로써 문명의식을 뚜렷이 갖게 되었다는 말은 비교적 쉽게 이해될 것이다. 하지만 동시에 동인의식의 깨달음을 얻게 되었다는 논지에는 얼핏 납득이 가지 않을 것도 같다. 문명의식은 보편성을 지향하는 데 반해 동인의식이라면 특수성을 강조해서 상호 모순되는 듯싶기 때문이다. 그러나 따져 보면 무릇 사람은 타자와 비교를 할 때 비로소 자기가 보이는 법이다. 해외에 나가 보았을 때 자기 나라를 많이 생각하게 되는 것이 아닌가. 이는 지당한 사리라고 하겠다.

그런데 원제국 역시 중국의 역대 왕조가 모두 그렇듯 번영기를 지나서 쇠퇴기로 들어섰다. 이제현이 가 있었을 때는 번영기의 끝자락이었으며, 이색이 고국으로 돌아온 때는 쇠퇴기였다. 드디어 원제국은 급속히 몰락하고 남쪽에서 일어선 주원장朱元璋의 명제국이 등장한 것이다. 이 원명 교체기에 문명의식과 동인의식을 각성한 고려의 문인지식인들은 어떻게 대응했던가?

이 문제로 들어가기에 앞서 문인지식층이란 과연 어떤 존재인지 간략하게나마 언급하고 갈까 한다. 문인지식인은 다른 무엇이 아니고 선비=사士를 가리킨다. 유儒 또는 유자儒者라고 불러도 좋을 것이다. 문文을 숭상하는 사회에서 선비는 곧 문인文人이었는데, 이들이 국정을 담당해 대부大夫가 되기도 했다. 그래서 사대부士大夫로 일컬어진바

다름 아닌 양반兩班이다. '사대부'란 한자문화권에서 통용되는 보편적인 용어이며, '양반'이라고 하면 국내에서만 쓰이는, 말하자면 한국 고유의 한자어다. 이 글에서 문인지식층이란 바로 이들을 가리키는 것이다.

한국 역사상에서 사대부가 하나의 사회 세력으로 등장하기 시작한 것은 고려 후기부터인데, '양반'이란 말 또한 원래 '문무 양반'을 가리킨 데서 신분적인 개념으로 의미가 바뀐 것이다. 그런데 고려 말까지도 선비〔儒者〕라는 존재가 변방의 시골 사람들 눈에는 아직 익숙하게 비치지 않았던 것 같다. 정도전鄭道傳(1342~1398)이 나주 지역으로 귀양을 갔던 때 남긴 「금남야인」錦南野人이란 제목의 산문이 있다. 어떤 시골 사람이 벼슬아치도 아니고 농부도 공인도 상인도 아닌 '유=선비'의 정체는 도대체 무엇이냐고 묻는 것으로 시작되는 문답체 형식의 작품이다. 작품은 선비를 우주의 주체, 도덕의 주체, 문화의 주체, 정치의 주체로 설명하고 있다.

> 그들〔유자〕이 고금에 통달함에 있어서는 문자 창제 이래 오늘에 이르기까지 세도世道의 오르내림, 속상俗尙의 아름답고 추악함, 어진 군주와 악덕한 군주, 간신과 충신, 이 모두 언어 행사의 좋고 좋지 않음, 예악형정禮樂刑政의 연혁과 득실, 현인군자의 나가고 물러감에 이르기까지 빠짐없이 바른 도리를 취해 가도록 합니다.
>
> 정도전, 「금남야인」

실로 선비라면 세상만사를 통섭해야 한다는 식이니, 천상천하에 유아독존이란 부처님에 견주어질 정도다. 그렇다고 허장성세는 아닐 터요, 필시 고도로 각성한 자아의식을 표출한 형태이리라. 이렇듯 각성한 주체의 표현 형식 역시 문文을 기본으로 했음이 물론이다. 정도전은 이렇게 천명한다.

> 사士는 천지의 사이에 생존하며, 그 빼어난 기氣를 모아 발휘해서 문장이 되어 또는 천자의 조정에서 드날리거나 자기 나라에서 정치를 담당하기도 한다.
>
> 〔士生天地間, 鍾其秀氣, 發爲文章, 或揚于天子之庭, 或仕于諸侯之國.〕
>
> 정도전, 「도은문집서」陶隱文集序

천지의 빼어난 기운을 모아 문장을 이룬다는 주장은 우리의 합리적인 사고로 판단해 보면 황당하게 들리지만, 주체의 표현 형식인 '문장'을 우주적 차원으로 극대화시킨 논리다. 결국 정치적 실천을 의도한 논리로 여겨진다. 실제로 정도전은 14세기 역사 전환기에서 대표주자의 역할을 했던바, 바로 위 글에서 이렇게 천명하고 있다.

> 명明이 천명을 받아 천하를 황제로서 소유하니 수덕언무修德偃武(덕을 닦고 무를 억제한다는 의미-인용자)는 문화권 전체의 공통된 임무다. 예악을 제정하고 인문을 육성해 천지의 질서를 세울 때가 바로 지금이다.
>
> 〔皇明受命, 帝有天下, 修德偃武, 文軌畢同. 其制禮作樂, 化成人文, 以經緯

天地, 此其時也.〕

정도전, 「도은문집서」

1368년 신흥의 명이 원제국을 막북漠北으로 몰아냄으로써 동아시아 세계는 다시 급변하는 상황이었다. 이 원명 교체기를 정도전은 새로운 단계, 문명의 재건이 요청되는 시대로 명확히 의식한다. 위에 명시된 "인문을 육성해 천지의 질서를 세울 때가 바로 지금"이라는 문명 재건의 시대적 과제는 과연 누가 담당할 일인가? '문장'의 효용을 고도로 발휘하는 그것이 다름 아닌 인문을 육성해 천지의 질서를 세우는〔化成人文 經緯天地〕 '문명 재건'이니, 선비=사士=문인지식층 스스로 자신들을 문명의 주체로 각성한 것이다.

대륙에서 원명이 교체되는 세계사적 진행에 상응해 한반도에서 고려로부터 조선으로의 왕조 교체가 일어났던바, 조선왕조의 국가와 문화는 고려 말 이래 형성된 '동인의 문명의식의 현실화'로 해석할 수 있다.

(3) 14세기의 역사 전환에 대한 평가

앞에서 나는 고려에서 조선으로의 왕조 교체를 14세기 중국 대륙발發 세계사적 전환 과정에서 우리의 문인지식층이 주체적·개혁적으로 대응한 결과로 해석했다. 그렇다면 조선왕조 국가는 어떻게 평가할 수 있을까?

인간의 사상, 인간의 의지와 그 실천의 결과 사이에 간극이 생기는 사례는 인류 역사상에 항시 있어 왔다. 조선왕조의 국가상은 고려 말 문인지식층의 이념과 구상을 반영한 것이지만 상당히 왜곡된 형태인데, 태생적인 한계를 지니고 있었던 점을 고려하지 않을 수 없다. 외적인 면과 내적인 면으로 나누어 보자면, 외적 한계는 명제국과의 관계에서 온 부분이다. 명제국의 전제적이고 폐쇄적인 성격이 조공朝貢체제하의 주변 국가에도 관철되었으니, 조선은 그 제약을 부단히 받지 않을 수 없었음이 물론이다. 내적 한계는 다른 어디에 있지 않고 당시 조선의 현실, 그리고 사대부들 자신에게 있었던 것으로 여겨진다.

그렇지만 조선국은 특히 세종의 치세로부터 성종에 이르는 기간에 국력이 신장하고 문화가 융흥해, 우리 역사상 정점에 도달한 시대로 기록되고 있다. 문명의식과 동인의식의 실현태로서의 신흥 국가, 그 국가의 문명이 개화한 시점이라고 말해도 좋을 듯하다. 마침 이 시기에 생존해 문화와 정치, 군사, 외교 부분에까지 눈부신 활약을 했던 신숙주申叔舟(1417~1475)는 자기 시대를 찬미해 다음과 같이 노래한 바 있다.

> 우리의 문명을 한강가에 열었도다.[5]
>
> 〔開我文明漢水陽〕*

---

* '한수양'(漢水陽)은 한강의 북쪽 지역을 뜻함.

신흥 국가 건설에 참여했던 그들 스스로 그 성과를 '한강의 문명'이라고 인식한 것이다. 이 대목에서 미국의 저명한 역사학자인 브루스 커밍스Bruce Cumings 교수가 당시를 논평한 글의 한 단락을 옮겨 본다. 외부의 시선이라 객관성을 보증하기 유리한 점을 취해서다.

> 15세기는 성리학적 개혁가들이 거의 독주하다시피 한 시대였을 뿐 아니라, 더해서 한국 전근대의 정점으로 기록된 시기이기도 했다. 하나의 국가로서, 하나의 문화로서, 한국은 신대륙을 아직 발견하지 못한 유럽보다 훨씬 앞서 있었다. 유럽은 경제적으로 기술적으로 정체되어 있었던 반면, 한국은 구텐베르크의 유명한 성서보다 한참 전에 활자인쇄를 보유하고 있었다. 한국의 과학자들은 1442년, 그러니까 유럽에서 비슷한 도구가 만들어지기 200년 전에 강우량을 측정하는 계기를 발명함으로써 농업경제학에서 중요한 진보를 이루었다. 한국의 수학자들은 유럽인들보다 몇 세기 앞서서 부수負數와 다차방정식 같은 개념을 사용할 만큼 선진적이었다.
>
> 브루스 커밍스, 『한국현대사』(창비, 2001), 88~89쪽

커밍스 교수는 인쇄 문화와 농업경제 및 수학 등을 구체적으로 들어 15세기 조선은 경제적으로 기술적으로 당시의 세계에서 선진 수준임을 분명히 진술했다. 여기서 나는 세종으로부터 성종에 이르는 시기에 이루어진 '한강의 문명'의 성격을 특히 『동문선』東文選과 훈민정음의 창제를 들어서 규명해 보고자 한다.

조선왕조는 주지하다시피 유교 국가다. 한국사상에서 유교 국가는

『동문선』 목판본(경남 밀양 쌍매당 소장)

처음 들어선 형태지만, 중국사에서도 유교적 성격으로 전일적인 국가는 있었던 것 같지 않다. 유교 국가적 특징을 잘 드러낸 것의 하나가 곧 『동문선』이다. 『동문선』은 앞서 고려의 문인지식층이 착수했던 『동인지문』東人之文과 같은 사업을 계승해 집대성한 형태다. 『동문선』이란 한자문화권 공유의 문어文語를 사용, 공통의 양식에 담은 작품집인데, 그 편자는 "동인의 문文은 송원宋元의 문文도 아니고 한당漢唐의 문도 아니고 곧 우리 동국의 문이다"고 보편적인 차원에서 문명적 의의를 강조하고 있다.

이 『동문선』과 대조되는 의미를 가지면서 근대로 와서 효용 가치를 대단히 발휘하는 것으로 훈민정음, 즉 한글이 동시에 출현했다. 한국의 역사상 이때 비로소 자국의 문자를 만든 것이다. 언뜻 보면 『동문선』의 편찬과 훈민정음의 창제는 모순되는 일처럼 보이기도 한다. 나

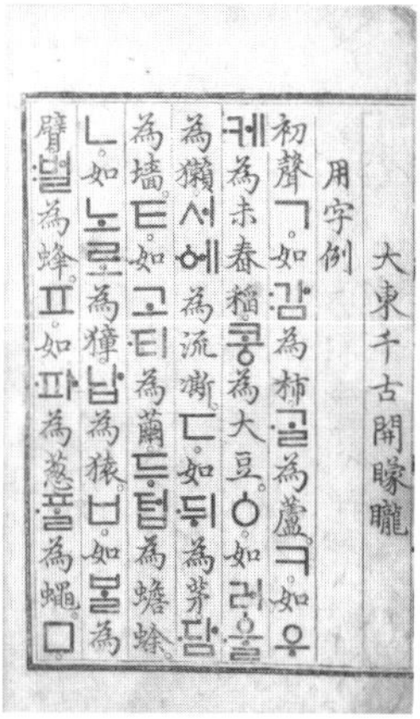

훈민정음 해례본. 훈민정음의 제자 원리를 해설한 내용.(원본은 국보 제70호)

는 양자를 모순되는 관계라기보다 오히려 상보적인 관계 쪽으로 이해하고 있다.

훈민정음의 창제 동기에 관해서는 여러 설이 있지만, 그 이름이 뜻하는 대로 '훈민'訓民에 주목적이 있었다고 보아야 할 것이다. '훈민'의 정책을 구현하려는 그 의도의 저변에는 동인의식과 문명의식이 깔려 있다. 이 자국의 문자는 분명히 한자문화권의 체제에서 벗어날 목적으로 만든 것이 아니며, '백성을 위한 문자'로 생각했던 셈이다. 다만, 조선이란 국가는 백성이 주인인 민주 국가가 아니고 왕이 주인인 군주 국가이기 때문에 한글은 아직 '국문'이 될 수 없었다. 그렇긴 하나, 『동문선』과 훈민정음이 동 시기에 출현한 사실은 한갓 우연으로 돌릴 일은 아닐 터다. 요컨대 문명의식과 동인의식의 결합의 산물들이다. 조선왕조가 개창한 문명은 보편성에 대한 지향이 강렬했으나 단순히 중국을 모의模擬한 형태가 아니었음은 말할 나위 없다.

조선 개국으로 성취된 유교 문명–'문의 문명'을 어떻게 평가해야 할 것인가? 앞에서 이미 조선왕조는 태생적 한계가 있었음을 지적했다. 그러면서도 한국 역사상에서 국력이 신장하고 제반 문물이 찬연해 문화적 정점으로 기록된 시기가 바로 이때였다는 사실을 크게 부각시켰다. 문제는 당초 '동인의 주체적 문명 재건'을 구상한 기획자들의 의도가 과연 어느 정도나 구현되었을까 하는 점이다. 왕국의 주체인 사대부들의 이론 수준이나 실천 의지도 한계가 엄연했으려니와, 명제국의 전제적·폐쇄적인 체제가 제약의 조건으로 부단히 작용했다.

한편 돌이켜 생각해 보면, 문명 개념 자체가 영원한 이상이고 현실화되기 요원한 것도 같다. 그렇지만 참다운 지식인–사士라면 진정한 의미의 문명을 회복하려는 의지를 포기해서는 결코 안 되는 노릇이다. 문명을 실현하기 어려운 인간 현실에서, 문명의 위기가 차츰 다가오는 상황에서 참다운 문명을 수립하기 위해 노심초사하며 방책을 강구한 일단의 학자들이 출현했다. 특히 18, 19세기의 실학을 들어 볼 수 있다. 대표적인 실학자의 한 분으로 손꼽히는 박지원朴趾源(1737~1805)은 "한 사士가 독서함에 은택이 사해四海에 미치고 공적이 민세에 드리운다. 『주역』에서 이른바 '현룡재전見龍在田 천하문명'이라 함은 곧 '독서지사'의 존재를 가리키는 것이다"(「원사」原士)라고 천명했다.[6] 문명을 천하에 펼치는 주체의 상징물–용龍은 본디 제왕을 가리켰던 바, 그것을 박지원은 지식인의 고유한 사명으로 역설하고 있다. 실학은 일종의 문명 기획이었던 셈이다.

4

20세기 전후의 역사 전환과 문명적 갈등

(1) 20세기 전후의 시대상

여기서 20세기 전후는 1894~1910년을 가리키는바, 내가 논의를 전개하기 위해 구획한 시간 단위다.

위쪽 계선界線인 1894년은 한반도상에서 동학농민운동이 일어나 갑오경장으로 이어진 한편, 청일전쟁을 초래한 시점이다. 농민 운동은 밑으로부터의 개혁 운동이고, 경장은 위로부터의 개혁 운동이라는 면에서 층위가 현격히 다르면서도 상통하는 의미를 갖는 사건이다. 청일전쟁에 대해서는 종래 한국사의 인식에서 상대적으로 비중을 크게 두지 않았던 편인데, 동아시아적 차원에서 바라보면 의미가 보다 심대한 사안이다. 여러 천 년이나 존속되던 중국 중심의 체제가 역전 내지 해체되는 결정적 계기로 작용했기 때문이다.

아래쪽 계선인 1910년은 한반도가 일본 제국주의의 식민지로 강제 편입된 시점이다. 그 이듬해인 1911년에는 중국 대륙에서 민국혁명이 일어났다. 식민화에 의한 대한제국의 종언은 한반도상에서 1894년 이래 근대 국가를 수립하려는 역사 운동이 실패했음을 뜻하는 것이었다. 그런데 이 식민 지배와 피지배의 관계가 동아시아 역내域內에서 성립한 사실은 전 지구적으로 특수한 현상이지만, 청일전쟁으로 역전된 동아시아 상황의 발전 과정인 셈이다.

1894~1910년은 역사의 긴 흐름에서 구획되는 한 작은 단위임에 틀림없다. 이 기간을 나는 첫머리에서 언급했듯이 유사 이래 최대의 전환점으로 생각하고 있다. 한반도가 중국 중심의 세계에서 근대적·지구적인 세계로 진출한 초입에 해당한다고 판단하기 때문이다. 이러한 시간의 구획에 대해서는 이견이 있을 수 있다. 1894년에서 소급해 1876년의 개항을 서구가 주도한 근대적 세계로 진출한 첫걸음이라는 측면에서 기점으로 잡을 수도 있다. 다만 근대적인 전환·변혁이 구체적인 현상으로 출현해서 전면적으로 펼쳐진 시점, 그렇게 된 직접적인 계기를 찾자면 아무래도 1894년으로 내려오게 된다. 이 기간에 문물제도가 전면적으로 뒤바뀌고, 학술 문화와 함께 지식 체계의 지각변동이 일어나기 시작한 것이다. 아래의 1910년 이후로 근대적 전환이 계속 진행되었던 것이 물론이다. 그런데 식민화에 의한 주권 상실로 역사적 과제가 크게 달라졌다는 점에서 1910년에 일단 하한선을 그은 것이다.

이 기간은 제구포신除舊布新이란 네 글자로 시대상을 집약할 수 있지만, '신'의 확장에 따라 '구'가 철거되는 그런 형국이라기보다는 신구가 얽히고설켜서 싸우는 그런 형국이었다. 당시 신구의 혼효混淆·갈등의 양상은 다른 어디보다도 언어 자체에 여실히 반영되고 있었다. 그런 와중에서 핵심이 된 개념이 하나 있는데, 다름 아닌 '문명'이다. 이 시기를 해명하는 키워드라면 첫손가락에 '문명'을 꼽아야 할 것이다.

'전환의 시대'였던 그 기간은 '위기의 시대'이기도 했다. 1894년을 기점으로 진행된 변혁의 과정은 망국으로 가는 코스라고 정의해도 틀린 말은 아니다. 따라서 근대적 개혁에 저항하는 움직임이 강력하게 일어났던 것도 당연한 형세였다고 할 것이다. 변혁에 저항한 구국·반외세의 전투적 논리 또한 문명론에 의거하고 있었다. 이런 실상까지 아울러 포괄해야 할 것임이 물론이다.

(2) 당시 제기된 세 가지 문명담론

1894~1910년은 '문명담론의 시대'라고 표현해도 좋을 것이다. '문명' 두 자는 당시 처음 선을 보인 신문·잡지 같은 대중매체, 신교육의 교재류 및 근대적 출판물의 지면 곳곳에 널려 있다. 이 시기를 통칭 개화기라고 하는바, 개화란 '문명개화'文明開化의 줄인 말이다. 다른 한편으로 개화에 반대, 저항하는 입장 또한 문명론에 근거를 두고 있었다. 때문에 이 시기를 해명하는 키워드는 '문명'이라고 말한 것이다.

당시 제기된 문명론들은 입장에 따라 문명의 의미나 방향이 전혀 판이한 것이었다. 문명이란 단어를 똑같이 쓰면서도 내포 의미는 한 자리에서 논할 수 없을 정도로 이질적인 것이었는데, 그처럼 동일한 어휘에 상이한 의미가 동 시기의 공존물로서 대립하고 있었다. 상호 간의 문명 개념이 다름에 따른 입장 차는 이념 문제로 그치지 않고 정치적 실천으로 직결되어 격돌하는 양상이 벌어진 것이다. 동서의 문명적 갈등이 이때 이곳에서 일어났다.

문명의 신개념과 구개념이 부딪쳐서 혼효·갈등 하는 착종된 관계를 나는 세 유형으로 구분해 보고 있다. 동양적(전통적) 문명 개념을 고수하려는 극우에서 서구적 문명 개념으로 선회한 극좌까지, 중간에 사상적 입장 차가 각양각색으로 무수히 표출되었다. 그런 가운데서 표점 셋을 잡아 당시의 복잡한 양상을 문명론의 시각에서 대강을 묘사해 볼까 한다.

문명 개조의 논리

급변한 시대에 대응해서 문명의 새 판을 짜야 한다는 입장이다. 근대적인 형식의 제도 개혁, 신문화를 도입하려는 노력들은 일체 이 논리에 의거했던바, 애국계몽운동으로 일컬어지고 있다. 이 입장을 국민적으로 표명한 것이라고 여겨지는 자료를 한 대목 인용해 본다.

> "여보시오, 이 세상은 사람이 문명해야 하고, 나라도 문명해야 한다 하니 문명이 엇던 것이온잇가.
>
> 문명한 기상을 보려거든 학도들을 보시오. 머리를 깎고 양복을 입고 모자

를 썼으니까 문명이온잇가.

아니올시다. 그것이 문명이 아니올시다. 사람의 뇌수에 정신이 문명해야 정말 문명이올시다.

……

저 학도의 정신을 저대로만 배양하면 애국 사상 거기 있고 부국강병 거기 있소. 저 학도의 어깨마다 대한 강토를 담부擔負했으니 그것이 문명 기상이올시다."

『최신초등소학』最新初等小學 권3, 54~56쪽 (한자는 한글로 바꾸되 원표기법을 살림.)

이 시기 새로운 제도로 도입된 초등 과정의 교육 현장에서 사용된 교과서에 실린 「문명文明한 기상氣像」이란 제목의 글이다.

당시 계몽주의 지식인들은 일찍부터 "인민은 국가 성립의 기초요 교육은 국민 양성의 약석藥石(매우 효과적이라는 뜻)이라. 고로 국國을 문명의 역域에 세우려고 할진댄 반드시 민民을 교육의 길에 들어서게 해야 할지니"(『대조선독립협회회보』大朝鮮獨立協會會報 7호, 1897. 2)라는 주장을 펴고 있었다. 이 문맥에서 국가란 국민적인 근대 국가의 형태를 뜻하는 것이다. 근대 국가는 인민이 기반이요, 근대 국가를 수립하기 위해서는 국민 교육이 기본 과제라는 식으로 사고했다. 근대 국가의 필수 조건은 문명이라고 생각한 것이다. 국가와 국민과 교육, 이 삼자를 뗄 수 없는 관계로 설정했는데, 거기에 문명이 성패를 가르는 요소로 들어와 있었다. 위 인용문이 역설한바 '문명한 기상'은 신교육의 목표이자 소망하는 신국민의 형상이며, 장차 세계 속에 독립할 국가의 형상이

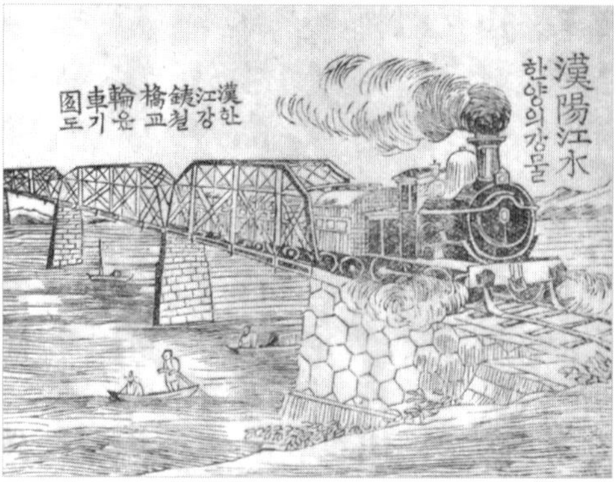

기차가 달리는 한강 철교의 모습. 1900년대 신문명의 상징으로 인식된 것임. 교각 아래로 노 젓는 배를 그려 놓은 것이 인상적이다.(출전: 『최신고등대한지지』, 1909)

라 하겠다.

문명 개조의 논리에서 추구한 문명 개념은 서구적 의미로 기울어져 있으나, 잘 살펴보면 동양적 의미와 혼합된 상태다. 신·구 문명의 관계 또한 신문명을 열망하지만 구문명을 배제한 태도가 아니어서, "자국 고유의 장점을 보존하며 외래 문명의 정화精華를 채취해서 일종의 신국민을 양성할 수 있는 문화를 진흥할지어다"(「文化와 武力」, 『大韓每日申報』, 1910. 2. 19)는 논조가 설득력을 얻고 있었다. 방금 보았듯 문명과 함께 '문화'도 당시 유행어였는데, 문명이란 말만큼 중요도를 갖진 못했으나 전부터 쓰던 말이었다.[7]

문명 개조의 논리의 여러 갈래에서 급진적 방향은 동도東道를 포기한 개종의 논리—기독교주의로 나갔다. 이 경우는 전통적 문명을 부정, 배격하는 입장이었으며, 중국관 역시 과거와 현재를 싸잡아서 혐오감을 드러냈다.

문명적 시각의 비교우위의 논리

이 입장은 지금의 세계는 옛날의 세계가 아니므로 중국 중심적 문명 개념을 지구적으로 관철시킬 수 없게 된 사실을 인정하고 들어간다.[8] 그러면서도 고전적 인문 개념과 유교적 가치관에 의거해서 서양 문명에 대한 동양 문명의 비교우위를 주장하고 있다. 한편으로 기술·무기·교통수단 등에서는 서양 문명의 우위를 인정해, 이 부분은 수용할 필요가 있다는 열린 자세를 보인다. '동도서기'東道西器 또는 '중체서용'中體西用은 대체로 이 논리로부터 도출된 개념이다. 동도서기론의 대표적 인물인 운양雲養 김윤식金允植(1835~1922)은 일찍이 '개화'란 예로부터 문명의 구역인 우리나라엔 해당되지 않는다는 논조를 편 바 있다.* 대한제국에서 학부대신을 역임한 신기선申箕善(1851~1909)의 『유학경위』儒學經緯는 이 입장을 대변한 책이다. 오대주의 각 지역을 소략하나마 자신의 시각에서 서술하는데, 유럽에 대해서는 이렇게 적고 있다.

"대개 그곳은 지대가 한랭하고 척박한데, 인민들이 근면하고 슬기로운 까닭에 공교工巧한 사고를 지극히 해서 이용후생의 법과 역산추측曆算推測의 학문에 정묘함이 극도에 달했으며, 주거舟車·기계器械는 편리하고 민첩함

---

* 김윤식은 '개화'라는 용어 자체를 부정하는 입장이다. 개화란 야만에서 문명으로 나아감을 뜻하는바 오랜 문명의 구역인 우리 동토에는 당치 않은 개념이라 말한다.(『續陰晴史』 上, 156쪽, 1891년의 기록. 『한국사료총서』 제11집)

이 더할 나위 없다. 정치는 중론을 따르고 이익을 추구하는 데는 귀신과 같다. 이런 때문에 능히 지구를 횡행하며 중국에 맞서 겨루는 상태다."

「우주술찬」宇宙述贊, 『유학경위』

이처럼 서양의 장점, 경이로운 발전상을 주목하면서도 그것을 결코 문명의 개념으로 인식하지 않고 있다. 오대주에서 오직 아세아주만 문명의 구역이라는 것이다. 물론 아세아주의 전역이 아니고 중국을 가리키는 것이며, 우리나라는 중국의 영향을 받아서 빛나는 문명을 이룩한 것으로 자랑했다. 서양을 문명 구역에 편입시키기를 거부한 이유는 요컨대 저들의 종교, 기독교를 '이적夷狄의 누속陋俗'이라고 얕잡아 본 때문이었다. 이 『유학경위』에 서문을 쓴 창강 김택영金澤榮(1850~1927)은 서구의 자유사상에 견주어 유교 사상의 우월성을 주장한 바 있다.[9] 또 김택영은 "언자諺字·해문蟹文(게가 기는 모양의 글자란 뜻으로, 알파벳을 폄하한 말)이 세상에 성행한 이후로 시류에 편승한 인사들은 나라 형편이 쇠약해진 것을 '문자'에 책임을 돌린다"고 심히 못마땅하게 언급하기도 했다.[10] 한자를 여전히 보편적인 문자로 생각하고 있다. 이 사상적 입장의 논리에선 문명은 어디까지나 한자문화권의 고유한 개념이다.

위정척사(衛正斥邪)의 논리

위 '문명적 시각의 비교우위의 논리'가 서양에 대한 상대적 우위를 주장한 데 반해서 이는 당위의 의리로 명분화한 점이 특징이다. 서양과의 타협이나 절충이 비교우위의 논리에서는 가능하지만, 이 논리의 입장에선 염두에 둘 수조차 없는 일이었다. 이 입장은 문명 개념을 도道라는 이데올로기로 사고하게 된다. 동도는 반드시 보위해야 할 성역이라고 주장하는바 '양이洋夷는 금수禽獸'라고 단정하는 것이 그 논리의 전제다. 일본인은 비록 이적이긴 하나 인종에 속하는데, 양이는 사람 축에 들지 못하는 짐승이라는 것이다. 그런데 지금 일본인은 양이의 복식을 하고 양이의 무기를 쓰고 양이의 선박을 타고 침입하니, 양이와 똑같다는 논법이다.[11] 일본 메이지 초기에 일시 대두된 적이 있는 존왕양이론尊王攘夷論과 견주어 보면 서양을 이적이라고 보아 배척하는 것은 상통하지만, 일본에선 천황제 옹호로 나갔던 데[12] 비해 한국에서는 보위해야 할 대상이 '중화의 정도'라고 한 점이 다르다. 의병 항쟁을 치열하게 전개했던 유인석劉麟錫(1842~1915)은 동양 삼국에서 일본이 강성하고 중국은 오히려 약세로 추락한 현실을 인정하면서도 이렇게 주장하고 있다.

> "대개 중국은 삼국의 종주국일 뿐 아니라, 실로 세계의 종주국이다. 중국이 종주가 되어야 명분이 바르고 형세가 우뚝 설 수 있다. 일시적인 강약으로 따질 수 없는 문제다."
>
> 「우주문답」宇宙問答, 『의암문집』毅菴文集 권51

중국의 중심성은 힘의 논리로 변동될 수 없는 절대 당위의 이데올로기이기 때문이다. '중화의 정도'를 보위하는 주체(의리를 지키는 인간)

라면 서양=일본의 위협에 결사 항전해야 마땅하다는, 성전聖戰의 논리가 성립하는 것이다. 이것이 의병 항쟁의 이론적 근거였다. 유인석은 그 자신이 악전고투한 의병 항쟁의 이론적 대변의 성격으로 『우주문답』宇宙問答이란 책을 저술한바, 서구의 '사이비 문명'에 맞서 정통 문명을 수호하는 것이 그 주제였다.

(3) 세 가지 상이한 문명담론에 대한 평가

당초 이 글을 시작하는 말에서 나는 20세기 전후를 유사 이래 최대의 전환점으로 들었다. 그리고 이 시기의 문명 전환을 논하는 단원으로 들어와서는 전환의 결정적인 출발선으로 1894년을 잡고, 동아시아적 시각에서 청일전쟁을 주목할 필요가 있음을 언급했다. 청일전쟁의 결과로 중국 중심의 전통적인 체제가 무너지고 일본이 동아시아의 패권 국가로 등장한 사실에 유의한 것이다.

중국 중심 세계의 오랜 역사를 돌아보면 세계의 주인이 따로 정해져 있던 것이 아니었다. 중심〔中華〕과 변방〔四夷〕이 역학 관계에 의해 교체되는 과정이 반복되어 왔다. 원이나 청이 그렇듯 변방의 민족이 세계의 주인으로 들어서더라도 중국 중심의 체제 자체는 바뀌지 않았다. 청일전쟁에서 일본이 승리한 것 또한 그런 과정의 연장선으로 볼 수도 있다. 그러나 이 경우는 아주 판이한 결과를 초래한 것이다. 중국 중심 체제의 복원이란 이제 상상하기조차 어려웠다. 왜일까? 요컨대 서구의 제국주의 국가가 주도하는 근대 상황에서 일어난 사태기 때문이다.

서양 문명 도입에 성공, 부국강병의 근대 국가로의 변신에 성공한 일본은 동아시아의 새로운 중심으로 일어서게 된다. 예전처럼 전통 문명의 중심으로 수도를 이전할 필요가 없어진 것이다. 서양 문명이 주도하는 근대 상황에서 문명의 중심은 베이징이 아니고 도쿄였기 때문이다. 그 무렵 조선과 중국, 그리고 베트남에서까지도 학생 지식인들이 도쿄로 몰려들었으니, 도쿄는 일시 신문명의 학습장이 된 셈이다. 그야말로 종래의 중국 중심 세계로부터 완전히 전도된 동아시아상이 그려지고 있었다. '화이華夷의 문명적 전도'라고 할까. 전 지구적으로 다른 어디서도 출현하지 않은 특수한 상황이 동아시아에서 연출된 형국이다.

동아시아에서 중국을 제치고 굴기崛起한 일본은 자국의 영향력을 동아시아 전역으로 확대하려고 들었다. 이는 근대 일본의 국가적 의지처럼 보인다. 타이완을 할양받고 조선반도로 진출한 다음, 급기야 중국대륙을 침공하고 드디어 동남아를 석권하기에까지 이른 대동아공영권의 논리는 근대 일본의 국가적 의지가 추구한 방향에서 도출된 것이었다.

청일전쟁의 전리품으로 타이완을 획득한 일본의 다음 전략적 목표는 한반도였다. 일본이 청국에 선전포고를 한 1894년에 벌써 '조선의 독립을 돕고 문명을 개도開導하는 것이 일본 내지의 여론'이었던 것으로 기록은 증언하고 있다.[13] 이 문맥에서 '조선의 독립'이란 중국 중심의 체제로부터 조선을 분리시키는 의도를 내포한 것이었다. '문명의 개도'는 물론 일본이 선취한 서양 문명을 조선에 전수하겠다는 의미지만, 조선을 중국으로부터 분리시키는 명분으로 삼으려는 의도가 다분히 있었다고 여겨진다. 조선의 독립과 개혁을 후원하는 일본 측의 행동을 두고 수당修堂 이남규李南珪(1855~1907) 같은 비판적인 유학자는 임진왜란 때 명나라를 치러 갈 길을 빌리자는 '가도입명'假道入明의 그 술책이라고 극히 부정적으로 비판한 바 있었다. 이후 전개된 역사에 비추어 이남규의 지적은 정곡을 찔렀다고 말해도 좋을 것이다. 하지만 임진왜란 때와는 전혀 다른 시대가 눈앞에 펼쳐지는데, 거기에 어떤 대응논리가 세워질 수 있었을까?

바로 그 위기 상황에서 앞서 살핀 문명담론들이 각기 나름의 대응논리로서 제출된 것이었다. 그렇다면 서로 다른 입장과 논리를 우리는 어떻게 평가할 것인가? 결코 용이한 사안이 아니다. 동서의 충돌, 신구의 교차로 대립·갈등 하는 국면에서 복잡성은 피할 수 없었음을 우선 이해할 필요가 있으며, 그런 다음 흑백논리로 옳다느니 그르다느니 제단하려 들지 말고 각기 역사적 맥락을 짚어 가면서 현실적 의미를 찬찬히 따지는 자세가 바람직하다고 본다.

당시를 살던 지식인들의 뇌리를 떠나지 않았던 위기의식은 두 갈래로 나누어 볼 수 있다. 하나는 국가적 위기요, 다른 하나는 문명적 위기다. 양자는 상호 연관되어 있었지만 사고의 출발점이 어디에 있느냐로 차이가 발생한 것이다. 대체로 '문명 개조의 논리'는 국가적 위기에서 출발해 민족 국가로서 자립하는 데 목적지를 두었다. 반면에 '문명적 시각의 비교우위론'과 '위정척사론'은 문명적 위기에서 출발해 서양 문명＝신문명의 거부로 나갔다.

'문명개조론'은 연원을 따지자면 실학에 닿는데, 외세의 침략에 맞서 주권을 수호하고 민족 국가를 수립, 근대 사회와 근대 문화를 건설하려는, 말하자면 근대 기획이었다. 문제는 수용하려는 서양 문명＝신문명이 제국주의적 침략의 수단이 되어 막강한 힘으로 밀고 들어오는 판에 자주독립을 유지하면서 근대 기획을 성사할 수 있느냐는 것이다.

근대 문명을 선취하고 동아시아 지역에서 문명의 인도자로 나선 일본은 비유하자면 양가죽을 쓴 늑대다. 아니, 근대 문명 자체가 약 주고 병 주는 악마일지도 모른다. 당시 계몽주의자로 등단한 변영만卞榮晩(1889~1954)은 1908년에 『세계삼괴물世界三怪物』이란 책을 간행했다. '세 괴물'이란 자본, 군사력, 제국주의를 가리키는바 근대 문명의 야누스적 모습이라고 말해도 좋을 듯하다. 이 세 괴물의 위협에 어떻게 대처하느냐가 난제고 급선무였다. 변영만은 이 괴물을 우리로서는 원수로 보아 적극적으로 제어할 방도를 생각하는 것이 "천부의 양심으로 일어나는 당연한 일"이라고 말한다. 그런데 신채호는 이 책의 서문에 쓰기를, "독자여! 이 괴물의 괴怪도 괴타 말며 …… 당신들 또한 오직 괴를 배우며 오직 괴를 꿈꾸어 이를 곧 본받으며 이를 곧 따라가야 될 것"이라고 역설하고 있다. 변영만의 논법은 지당하긴 하지만 방법론이 결여된 반면, 악마에 대처하기 위해서는 스스로 악마가 되어야 한다는 신채호의 논법이 보다 현실적인 의미를 가졌을 것이다. '문명개조의 논리'는 타협적·친일적인 성향으로 떨어진 경우가 없지 않았으나, 주체적·민족적인 방향으로서 애국계몽운동을 주도해 폭넓은 호응을 받았다.

'문명적 시각의 비교우위론'과 '위정척사론', 양자 모두 동양적 문명 전통을 고수하는 입장인 점에서는 마찬가지다. 그렇지만 당초에 사상적 연원이 다를 뿐 아니라, 현실에 대응하는 방식에서도 차이를 보였다. 정통 고문의 입장을 계승한 비교우위론은 강조점이 문文에 처져 있었다. 어디까지나 '문의 문명'에 입각해서 서양의 문명은 문명 개념으로 인정하지를 않았던 것이다. 그러면서도 실용적 차원에서는 서양의 과학 기술을 배우고 받아들여야 한다는 유연한 태도를 취했다. 동도서기론이 그렇듯 절충적인 논리였다. 절충적이므로 따라서 가변적이고 개방적일 수 있었다. 비교우위론자들은 상황 변화에 따라 애국계몽운동의 대열에 합류하기도 했다.

정통 유학(도학)의 입장을 대변한 위정척사론에서 보위해야 할 핵심은 요컨대 도였다. 짐승과 같은 사악한 무리로부터 도를 지켜야 한다는 성스러운 임무는 한 치의 양보도, 일말의 타협도 생각할 수 없었다. 성전의 논리가 도출되는 것은 당위였다. 개혁 개방을 일체 용인하지 않고 외세의 침략에는 오직 무장 투쟁이 있을 뿐이었다. 당시 의병 항쟁을 위정척사론이 주도한 까닭은 여기에 있었다.

그렇다면 이처럼 '근대'를 철저히 부정하고 배척한 이론과 행동을 어떻게 볼 것인가? 당시의 대세나 그 이후 역사의 진로로 보아서 시대착오였다. 객관적으로 이런 판단을 부인하기 어렵다고 본다. 하지만 위정척사의 논리가 나올 수밖에 없었던 사상사적 연원이 있었음을 고려해야 할 것이며, 민족 위기의 현실에 적극적으로 대응한 행동 논리였다는 사실은 특기해야 할 점이다. 그것은 문명 갈등의 시대를 가장 강경하게 대변한 논리로서 평가할 수 있다.

한편으로 위정척사론과 비교우위론은 근대 문명을 근본적으로 비판한 점에서 문명사적 의의를 해석할 수 있는 측면이 없지 않다. 앞으로 관심을 가질 필요가 있다고 보는바 두 가지 자료를 언급해 둔다. 동서 신구의 문명이 교차한 시공간에서 철학적 고뇌를 담은 저작으로 방금 거론했던 유인석의 『우주문답』을 보면, 근대 문명이 추구하는 기술 발전이 경쟁과 과소비를 초래하는 문제점을 지적한 대목이 보인다.[14] 그리고 한문학의 대가로서 비교우위론의 계보에 속하는 조긍섭曺兢燮(1873~1933)은 "자동 기계가 발달하면서 하늘은 편안치 못하게 되었고, 자원 채굴이 성행하면서 땅도 갈라지고 고갈이 되었다. 이런 따위는 천지의 대도大盜니 끝내 재앙을 피할 수 없으리라"[15]고 엄중히 경고한 것이다.

표기법 체계의 전환과 관련해서

앞에서 살핀 문명 개념에 입각한 세 가지 서로 다른 사고의 논리는 각기 어떤 표현 형식을 취했던가? 인간의 사고와 행위는 문자 언어라는 형식을 통해서 표현되기 마련이다. 따라서 양자는 상호 직결되는 문제다. 또한 세 가지 문명담론에 대한 평가와도 관련되는 사안이다.

결론적으로 말해서 '위정척사의 논리'와 '비교우위의 논리'는 동아시아의 보편 문어-한문체를 고수했던 반면, '문명 개조의 논리'는 표기 체계의 변역變易을 요망했다. 서로 다른 문명론적 입장이 도달한 논리상의 필연적인 귀결이다.

'문명 개조의 논리'가 주도한 표기 체계의 변역이란 어문 질서의 전면적인 개편을 의미하는데, 그것은 일국적 경계를 넘어서 동아시아적 차원인 동시에 문명사적 의미를 갖는 문제였다. 반면에 '비교우위론'과 '위정척사론'은 문체상에서 보수적 입장을 고수함으로써 시대의 진로에서 낙후했고, 대중적 영향력 또한 전혀 따르지 못했다. 결국 동아시아–한자문화권의 보편적 어문 질서로부터 전환적 의미는 문명 개조의 노선에서 도출될 수밖에 없었다. 이런 과정의 역사 무대에 각광을 받으며 등장한 것은 국한문체, 그리고 국문체다. 유사 이래 쭉 주류적인 위치에 있던 한문체는 마침내 추방을 당한 꼴이었다.

국한문체와 국문체는 근대 계몽기에 역사적으로 탄생한, 한국 계몽주의의 쌍생아라고 말할 수 있다. 이 양자는 역시 당시 새롭게 등장한 신문·잡지 같은 근대적 매체에서 경쟁 관계에 놓이게 된다. 우리가 알고 있듯 한국 최초의 일간지 『독립신문』(1896년 창간)은 국문체를 채용했고, 대한제국을 대변한 『황성신문』(1898년 창간)은 국한문체를 채용했다. 문체적 대결 구도에서 『황성신문』의 국한문체가 『독립신문』의 국문체를 누르고 우위를 차지하는 형국이었다. 이런 현상을 어떻게 해석할 것인가?

이 시기 국한문체는 한문체에서 국문체로 이행하는 과도기적 형태로 그치는 것이 아니었다. 그 자체가 시대적 요청을 대변하는 동시에 이념적 성격을 담지하고 있었다.

『황성신문』은 신문의 기본 입장을 천명한 창간호 사설에서 대한제

독닙신문

皇城新聞

『독립신문』(국문체)(왼쪽) 『황성신문』(국한문체)(오른쪽)

국으로 국체를 변경해서 재출발한 국가의 기본 과제를 '자주독립'과 '일신경장'一新更張이라고 요약한 다음, 자기들이 채용한 국한문체는 "기성箕聖(기자)의 유전遺傳하신 문자와 선왕先王(세종 임금을 가리킴)의 창조하신 문자로 병행하는 방식이라"고 당당하게 선언한 것이다.[16] '기자가 후세에 전한 문자'란 다름 아닌 한자요, '세종이 창조한 문자'란 물론 한글이다. 조선왕조를 건설한 문인지식층은 국조로서 단군, 문명의 개창자로서 기자로 자국 역사의 체계를 잡았거니와, 『황성신문』의 국한문체는 단군→기자의 구도에다 자주적 민족 문화의 창조자로서 세종이 보충되는 체계를 잡고 있다. 다른 한편으로 국한문체는 문명의 구개념과 신개념을 절충하고자 했던 문명개조론의 입장을 반영한 형식이다. 요컨대 문명의 신구 개념을 접목한 형태가 곧 국한문체였다. 서양발發 신문명을 수용하고 전파하는 형식이 국한문체였다고 말할 수 있다.

당시 국한문체는 이런 안과 밖의 양면성을 지닌 것으로 해석할 수 있다. 때문에 국한문체는 한문체를 밀어내고 국문체를 압도해 계몽주의의 문체적 대변자로 군림하게 된 것이다.

5

다시 돌아보는 14세기 말과 20세기 전후

이상에서 한국의 14세기 말과 20세기 전후의 역사 전환점을 문명론의 시각으로 해석해 보았다. 왜 앞의 14세기 전환에서는 성공했는데, 뒤의 20세기 전환에서는 실패했을까? 이런 의문이 따라 나오기 쉽겠지만, 나는 이런 질문 방식은 바람직하지 못하다고 여기는 입장이다. 성공과 실패라는 이분법으로 갈라놓는 데 문제점이 있다고 보기 때문이다.

14세기의 역사 전환과 20세기의 역사 전환은 외적 환경과 내적 조건 모두 달랐다. 이 점을 착실히 따지지 않고 단순 비교를 하려고 덤벼든다면 그것은 별로 의미가 없다. 또 더욱 중시하는 점이 있는데, 역사 현상은 실상 성공이냐 실패냐가 똑 떨어지지 않는다는 것이다. 고려에서 조선으로의 왕조 교체 결과 '한강의 문명'으로 일컬어진 괄목할 성과를 이룩한 것이 사실이다. 그럼에도 한계와 문제점이 엄연했음을 본론의 서술에서 지적했던 터다. 다음 20세기 전후를 보면 불행하게도 식민화의 길로 들어섰다는 점에서 실패였다. 그렇다고 문명적 전환과 민족 위기가 겹쳐진 상황에서 자기 변혁을 시도하고 대응논리를 모색, 실천한 그 엄청난 고뇌와 노력을 무화시켜서 되겠는가.

한국 근대는 식민지 과정을 통과하면서 민족의 독립과 자주를 위해 치열하게 싸웠다. 그리고 해방 이후 또 분단 체제로 고착된 상태에서 독재 권력의 압제를 극복하고 민주화의 목표를 달성했다. 동시에 경제 발전과 근대 문명을 상당한 수준으로 성취한 것이다. 능히 이렇게 될 수 있었던 요인은 다각도로 짚어 볼 수 있겠는데, 앞의 14세기 전환점과 뒤의 20세기 전환점에서 적극적으로 대응하고 진로를 개척했던 그것이 무엇보다도 원천적인 힘으로 주효했다. 그러고 보면 인간의 역사는 결과론에 가려진 시야를 툭 열어 실제 과정상에서 구체적으로 챙길 것은 챙기고 따질 것은 따지는 태도가 꼭 필요하지 않을까.

21세기 새 천년으로 진입한 지금, 문명사적 반성과 함께 한반도의 지식인으로서는 통일 구상이 요망되는 시점이다. 이런 거시적인 문제일수록 매개적 사고를 할 필요가 있고, 사고의 출발점은 나 자신과 나의 현실로부터 잡는 것이 요령이다. 20세기 전후, 그리고 올라가서 14세기 말의 역사 전환기는 지금 우리에게 있어서 문명사적 반성을 위한 매개적 사고의 주요 거점이다.

주

1 "其國書曰: 日出處天子, 致書日沒處天子, 無恙云云."(倭國, 『隋書』 권81)

2 崔致遠, 「眞鑑禪師 大空塔碑」. "夫道不遠人, 人無異國, 是以東人之子, 爲釋爲儒, 必也西浮大洋, 重譯從學."

3 기자의 존재는 조선왕조로 들어와서 존숭(尊崇)의 대상으로 뚜렷이 자리 잡는다. 세종 때 평양에 있는 기자묘(箕子廟)를 확장·중수 하는데, 이때 세종은 전지(傳旨)에서 "昔周武王克殷, 封殷太師于我邦, 遂其不臣志也"라고, 주나라 무왕이 은나라에 이긴 다음 은나라 태자 기자를 우리나라에 분봉한 취지를 신하가 되지 않겠다는 그의 뜻을 이루어 준 것으로 해석한 다음, "吾東方文物禮樂, 侔擬中國迨今二千餘祀, 惟箕子之敎是賴"(卞季良, 「箕子廟碑銘 幷序」, 『春亭文集』 권12)라고, 우리 동방의 예악문물은 중국을 본떠 배운 것이 2000여 년이라고 하여, 기자를 동방 문명의 근원으로 인식하고 있음을 보여준다.

4 고려 말 당시 동인의식과 문명의식의 혼성 형식으로 이루어진 구체적 성과라면 무엇이 있을까? 김태현(金台鉉, 1261~1330)의 『동국문감』(東國文鑑), 최해(崔瀣, 1287~1340)의 『동인지문』(東人之文)을 하나의 물증으로 제시할 수 있다. 한문학이 이 땅에 수용된 역사가 이미 오랜데 이때 와서 그 유산을 정리, 편찬하는 사업이 시작된 것은, 곧 보편적인 문명을 염두에 두면서 자국의 전통을 중시한 태도로 해석된다. 그리고 이색과 동시대에 김경숙(金敬叔)의 『선수집』(選粹集)과 『주관육익』(周官六翼)이라는 업적이 나왔다. 『선수집』은 중국의 『문선』이나 『동국문감』·『동인지문』 등과 유사한 성격의 문학 선집으로 추정되고, 『주관육익』은 국가의 전장제도(典章制度) 전반을 다룬 저술로 이색의 언급에 의하면 이러한 성격의 책은 전에 집필된 적이 없었다는 것이다. 『주관육익』의 과제는 법전으로 계승되어 정도전의 『조선경국전』(朝鮮經國典)을 거쳐 『경국대전』(經國大典)에서 일단 마무리되었는데, 다시 정약용의 『경세유표』(經世遺表)에

서 창조적 작업이 이루어진 것으로 볼 수 있다.

5 申叔舟, 「和御題詩韻」, 『保閑齋集』 권4 장9(『韓國文集叢刊』 10), 33쪽.

6 “一士讀書, 澤及四海, 垂功萬世. 易曰: ‘見龍在田, 天下文明.’ 其謂讀書之士乎.”(朴趾源, 「原士」, 『燕巖集』 권10)

7 ‘문화’란 용어는 전에는 문명처럼 중요한 개념어로 쓰인 것 같지는 않으나 문명과 마찬가지로 유래가 오래고 20세기 당시로 와서 함께 유행하는 말이 되었는데, 이 역시 근대적 개념과 중첩이 되었던 듯하다.

전통 시대의 용례: “中·明之際, 文化之盛, 可以超漢唐而軼三代. 于時, 有若退溪·南冥二先生, 施教於嶺南.”(安鼎福, 「浮查集序」, 『順庵集』 권18)

근대적 용례: “嗚呼讀者, 若因是以知吾邦文化之關, 已肇自箕羅, 無遜於支那, 則可以注祖國之精神, 進一步於文明矣.”〔張志淵, 「大東文粹序」, 광무 11년(1907)〕

위의 『대동문수』(大東文粹)는 우리나라 상고에서 근세까지의 한문 명작으로 엮은 당시 한문 교과서의 일종이다. 이 책 학습을 통해 우리 문화 전통의 우수성을 이해, 애국 정신을 주입시키자는 것이다. 그리하여 문명으로 진보하는 데 기여하도록 한다는 것이 위 인용문의 취지다. 전형적인 계몽주의 문명담론이다. 여기서 ‘문화’는 ‘문명지화’(文明之化), 즉 문명의 발전을 뜻하는 것으로 해석되며, 앞의 안정복의 용례와도 유사한 의미로 생각된다. 그러나 계몽적으로 방향 전환이 된 점에서는 성격이 크게 다르다.

8 “若今之萬國, 非古之萬國, 書不同文·車不同軌.”(金允植, 「萬國政表序」, 『萬國政表』, 博文局, 1886)

9 “吾儒之秉彝, 順義理之心也; 西教之自由, 順血氣之心也; 二者之精粗懸矣. 然義理之心, 天下之人, 萬僅一二; 血氣之心, 天下之人, 萬則萬焉. 故自由之教, 可以得力於競爭之世, 而秉彝之教, 難以得力於競爭之世.”(金澤榮, 「雜言 三」, 『合刊韶濩堂集』 文集 권6 장2)

10 “諺字蟹文, 盛行於世, 遊談之士嘖嘖以國勢之綿弱, 歸咎文字. 嗚呼! 國勢之弱, 用文之不

善耳, 非文之罪也."(金澤榮, 「送洪林堂承學堤川序」, 『合刊韶濩堂集』 文集 권2 장13)

11 "今倭人之來者, 服洋服·用洋砲·乘洋舶, 凡此皆倭洋一體之明證也."(崔益鉉, 「持斧伏闕斥和議疏」, 『日星錄』 권1 장33)

12 마루야마 마사오·가토 슈이치 저, 임성모 역, 『번역과 일본의 근대』(이산, 2000), 20~24쪽.

13 恒屋盛服, 『朝鮮開化史』(東亞同文會藏版), 320~321쪽. 『조선개화사』(朝鮮開化史)는 1901년 도쿄에서 발간된 책이다(여기서는 1904년 재판을 참고했음). 저자인 츠네야 세이후쿠(恒屋盛服, 1855~1909)는 동아동문회(東亞同文會) 간사이며, 조선의 내정 개혁에 관여한 인물로 소개되어 있다. 동아동문회라는 단체에 관해서는 다케우치 요시미(竹內好)의 논문(백지운·서광덕 역, 「동아동문회와 동아동문서원」, 『일본과 아시아』, 소명, 2004)이 있다. 이 논문에는 동아동문회가 중국에서 벌인 활동이 서술되어 있다.

14 "其言文明, 爲其百技千巧之臻其極, 而其極之歸趣, 不過濟珍食侈衣壯居强兵等事."(「宇宙問答」, 『毅菴文集』 권51 장26)

15 "輪機行而天不靖, 鑛務興而地裂樵, 是天地大盜也. 欲終免於罪難矣."(「困言」, 中國: 南通 翰墨林書局, 1916)

16 위와 같음.

2장

중국 중심 천하관과 그 극복의 과제

『열하일기』(熱河日記)의 문제 제기를 통해서

I

'연행'의 의미와 연행록, 『열하일기』

연행燕行이란 조선의 외교 사절이 중국의 수도인 베이징北京(燕京)을 다녀오는 것을 이르는 말이다. 그런데 당시 사회에서 해외 체험을 갖는 기회는 달리 있기 어려웠기 때문에 이 연행에 대단한 의미가 주어지기 마련이었다. 일본과도 외교 관계를 가져서 사절단이 바다 건너 일본 열도의 에도江戶(東京)까지 다녀온 일이 없지 않았으나, 17세기 이래 200년간에 기껏 12회로 그쳤던 것이다. (마지막은 1811년인데, 이때는 쓰시마 섬對馬島까지만 갔음.)

연행의 일차적 의미는 외교 관계에 있었음이 물론이다. 뿐 아니고 경제적·문화적인 의미 또한 지대한 것이었다. 그도 그럴 것이, 연행은 중국과의 교역의 기회로도 이용되어 사실상 사행使行은 대상隊商의 성격을 띠고 있었다. 그런 한편으로 당시 조선으로선 중국이 선진 문물을 경험하고 접수하는 거의 유일한 상대고 세계를 인식하는 통로이기도 했으므로, 연행의 문화적 의미 또한 이루 말할 나위 없었다.

이렇듯 연행의 의미가 막중했던 까닭에, 조선의 지식인들은 연행에 참여하는 경우 여행 과정을 기록으로 남기는 데 모종의 사명감을 가지고 임했다. 그래서 종류와 분량에서 실로 엄청난 문헌 자료를 축적하게 되었다. 이름하여 연행록燕行錄이라고 부르는 것이다.

연행록은 일본 사행의 결과물인 '해행록'海行錄(일명 '해사록'海槎錄)과 쌍벽을 이루고 있다. 해행록은 양적으로 연행록에 미치지 못한다. 그러나 일본 사행은 중국에 비교도 안 되게 드물었던 사정을 감안해서 보면, 해행록은 의외로 놀라운 축적을 이루었다고 말해야 맞다.

연행록류와 해행록류, 이 두 방대한 문헌의 집적물은 한국 민족 문화의 자산으로서 특이한 대목일 뿐 아니라, 동아시아적 차원에서도 지식 정보의 보고로 그 가치를 평가할 수 있을 것이다.

근래 연행록과 아울러 해행록에 대해서 한국은 물론 중국이나 일본 학계에서도 관심이 부쩍 일어나고 있다. 반가운 일이 아닐 수 없다. 오늘의 세계화 시대에서 눈이 과거사에 대해서도 국제 관계 쪽으로 미치는 것은 자연스런 추세기도 하지만, 동아시아를 학적 인식의 틀로 사고하는 경향과 무관하지 않은 것 같다. 이 대목에서 먼저 날카롭게 따져야 할 물음이 있는데, 연행록류와 해행록류를 어떤 시각으로 접근하느냐는 문제다.

연암 박지원朴趾源(1737~1805)의 『열하일기』는 실학의 명저요, 문학적 걸작으로 높이 평가되고 있으나, 이 역시 연행록의 일종이다. 따라

박지원 초상. 박지원의 손자인 박주수(朴珠壽)가 가족들의 전언에 의거해 그린 것이라 함.

서『열하일기』는 기본적으로 17세기 이래 무수히 씌어진 연행록류와 관련해서 읽을 필요가 있음이 물론이다. 이는 앞으로 연구자들의 과제다. 다만 한 가지, 짚고 넘어가고 싶은 의문점이 있다. 저토록 수다한 연행록류 중에서『열하일기』가 유독 위대한 작품으로 평가되는 이유는 어디 있을까? 나는 이 물음의 답은 다른 어디가 아니고 작가 자신에게서, 곧 박지원의 연행 자세에서 찾아야 한다고 보고 있다.

내가 서울을 떠난 지 여드레 만에 황주黃州 땅에 당도했다. 마상馬上에서 혼자 생각하기를 "본래 학식이 없는 나로서 맨손으로 무작정 중국에 들어갔다가 그곳의 대학자를 만나는 경우 장차 어떻게 대적할 것인가" 하여, 이 때문에 고심을 했다. 드디어 내가 전에 들어 알고 있는 지식 가운데 지전설地轉說·월세계月世界 등 주제를 끌어내 안장 위에 앉아서 매양 말고삐를 잡

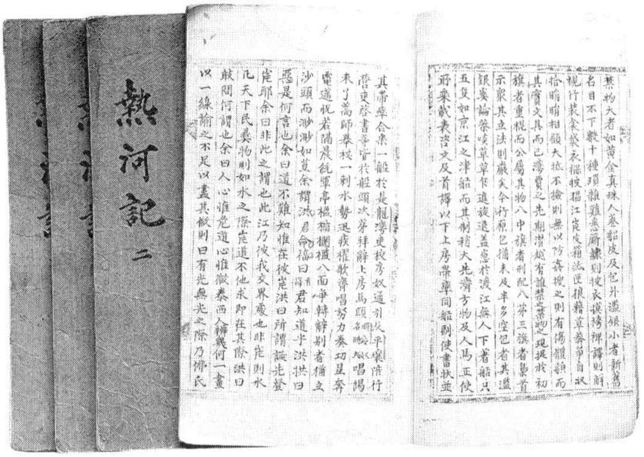

『열하일기』
(단국대 도서관 소장)

고 졸면서 수십만 자의 글을 엮어, '가슴에 씌어지지 않은 책' 胸中不字之書·'공중에 소리 없는 글' 空裏無音之文로 하루에 여러 권의 책을 엮었다.

「곡정필담」鵠汀筆談의 후기, 『열하일기』

『열하일기』의 작가 박지원은 서울을 떠나 황해도 황주를 지나면서 중국 지식인들과의 만남을 대비해 '가슴에 씌어지지 않은 책'·'공중에 소리 없는 글'을 여러 만 자나 엮었다는 것이다. 이 대목을 읽고서 나는 요즘 학자들이 국제 학술회의에 참석하기 위해 나갈 때 미리 발제문을 작성해 들고 나가는 것과 유사하다는 생각이 들었다. 지금 학자들의 국제적 만남에선 연암처럼 치열한 지적 대결을 벌이겠다는 자세를 응당 가져야 할 텐데 하고 반성을 해보기도 했다. 그러자면 어떤 주제를 택하며, 어떤 방식으로 논리를 펼 것인가? 참으로 고심해야 할 문제가 아닐 수 없다.

그런데 박지원은 중국으로 가면서 하필 지전설과 월세계를 학술 토론의 주제로 잡았을까? 그의 깊은 사려가 담긴 것으로 여겨진다. 당시 조선 지식인들이 가지고 있던 지식과 교양이란 한마디로 중국에서 유래한 것이었다. 저들이 경청할 내용이라면 무엇이 있을까? 이런 이유에서 천문학의 신학설을 중국 지식인과의 만남에 적절한 주제로 떠올리지 않았을까. 이 주제를 선택한 그의 의식은 여기서 그치지 않는다. 지전설을 통해서 세계관적인 문제를 제기하려는 취지였다. 다름 아닌 중국 중심의 천하관에 대한 문제 제기 그것이다.

조선국의 중국 사행과 일본 사행—사대교린事大交鄰의 외교는 동아시아의 조공질서朝貢秩序에서 성립한 국제 관계였다. 중국 중심의 천하관이 그대로 동아시아의 체제로 연계된 것이다. 『열하일기』에서 중국 중심 천하관에 대한 문제 제기는 동아시아 체제에 대한 문제 제기에 다름 아니었다.

2

중국 중심 천하관과 조공체제

땅 모양이 방형(네모)이라고 이르는 자는 의리에 빗대어 실체를 인식한 것이요, 땅 모양이 구형이라고 주장하는 자는 실제 모양을 확신해서 의리를 배제하려는 것입니다.

〔謂地方者, 諭義認體, 說地球者, 信形遺義.〕

「태학유관록」太學留館錄, 『열하일기』(『연암집』燕巖集 권12)

이는 조선의 지식인 박지원이 중국 여행 중에 열하熱河(지금의 허베이성河北省 청더承德. 청나라의 여름 궁전이 있었음)의 태학관太學館에서 중국 지식인들을 만나 달빛 아래서 담론하는 가운데 나오는 말이다. 박지원은 위 말에 이어 "만일 저 달에도 하나의 세계가 있다고 하면 오늘 밤에 두 사람이 함께 난간에 앉아서 여기 지체地體의 빛을 바라보며 (지체

가) 차고 기우는 문제를 논하지 않으리라고 어찌 꼭 단언할 수 있으리까!"라고 슬쩍 튕겨 본다. 이 발화發話에 중국 지식인은 껄껄 웃으면서 "기론"奇論이라고 재삼 연발하며 감탄하고 있다.

월세계를 가정한 박지원의 이 발화는 농담으로 나온 말이긴 한데, 한갓 기발한 상상에 그치는 것이 아니었다. 달을 보면 주기적으로 차고 기울고 하며 황홀한 빛을 발하는 현상이 일어나는 그 원리가 달에서 지체를 바라볼 경우에도 적용된다는, 기실 과학적 지식에 근거한 발언이다. 땅에서 달을 바라보는 것밖에 생각하지 못한 인간에게 '시각의 전도'를 일깨운 셈이다. 이렇듯 발언의 근거 이론이 기실 범상치 않지만, 진언眞言이라기보다는 희언戱言으로 돌린 말이다. 그런데 처음에 인용한 언표言表는 그대로 진언일 뿐 아니라 실로 엄청난 의미를 함축한 주장이라고 해석해야 할 대목이다.

두루 알려져 있다시피 '하늘은 둥글고 땅은 네모나다'天圓地方와 '하늘이 움직이고 땅은 정지해 있다'天動地靜는 것이 동양 한자문화권 전래의 천하관이었다. 서양의 기독교 세계 역시 크게 다르지 않았으니, 지체는 구형이고 움직인다는 지동설의 제기를 '코페르니쿠스적 전환'이라고 이르지 않았던가? 박지원과 토론했던 자리에서 다른 한 중국 지식인은 "무릇 둥근 하늘이 움직이고 네모난 땅이 중심을 잡고 있다는 것이 우리 유자儒子의 명맥인데, 태서인이 이를 혼란스럽게 만들고 있다"〔「곡정필담」, 『열하일기』(『연암집』 권14)〕고 자못 세계관적 위기의식을 표명하기도 한다. 이 장의 제목인 '중국 중심 천하관'이란 곧 천원지방·천동지정의 논리 틀에 입각한 것임이 물론이다.

천하도. 중국 중심의 천하관을 표현한 지도. 중국 옆에 조선이 제법 크게 그려져 있고 주변으로는 해가 뜨는 부상, 해가 지는 함지뿐 아니라 대인국, 여인국 등 상상의 공간도 나와 있다.

실은 '중국'中國이란 개념부터도 송나라의 석개石介란 학자가 말했듯 "무릇 하늘은 위에 있고 땅은 아래 있는데, 천지의 중앙에 위치한 자는 '중국'이라 부르고 천지의 주변에 위치한 자는 '사이'四夷라 부른다"[1]는 논법에서 성립한 터이므로, 중국이란 그 자체가 이미 천하의 중심부임을 전제하고 있다. 동어반복을 피하자면 '중국천하관'이라고 표현해야 할 것이다. '사이'란 중국 중심적 천하관에서는 이론적으로 중국 이외의 세계만방을 모두 포괄함이 물론이다. 그렇다면 '사이'의 인간들에게는 중국 중심 천하관이 어떤 의미를 가졌을까?! 이 물음에 간단명료한 답을 박지원이 이미 한 바 있다.

> 만방이 공히 한 황제로 받들고 있으니 천지는 대청大淸의 천지요, 일월日月은 건륭乾隆의 일월입니다.
>
> 〔萬方共尊一帝, 天地是大淸, 日月是乾隆.〕
>
> 「태학유관록」, 『열하일기』

이 말을 박지원이 참이요 옳다는 차원에서 발한 것으로 보기는 어렵다. 왜냐하면 "땅 모양이 방형이라고 이르는 자는 의리에 빗대어 실체를 인식한 것"이라고 분명히 주장했던 터이니, 의리를 세우기 위한 실상의 조작, 다시 말하면 이데올로기적 허상임을 박지원은 이미 인지하고 있었다. 위의 언표는 진정성과는 다른 차원에서, 단지 외형적인 현황을 요약 정리한 발언으로 간주할 수 있다. 하늘에 해가 둘이 있을 수 없듯 천하 중심의 땅에는 최고의 주재자로서 유일의 황제가 존재한다. 그것을 현상적 차원을 넘어서 만세불변의 당위로 명분화한 결과로, 이에 일왕一王→대일통大一統*의 이념이 성립하게 되었다.

---

* '일왕'(一王)이란 한 시대에 유일의 정통성을 지닌 제왕을 뜻함. '대일통'(大一統)은 일왕에 의해 온 천하가 하나로 통합되어야 한다는 이념에서 성립한 개념이다. 공자의 『춘추』(春秋)는 이 정신으로 엮은 책이라 하며, 천자나 황제는 일왕→대일통의 이념을 체현한 존재로 생각했다.

"만방이 공히 한 황제를 받들고 있는" 상황은 다름 아닌 '일왕'의 논리에 의해 성립한 국제 질서였다. 이 국제 질서는 조공관계朝貢關係라는 형식으로 유지되고 있었다. 요컨대 중국 중심 천하관의 세계는 조공체제를 형성했다.

'대일통의 세계'—조공체제는 중국이 천하의 중심이라는 논리로 이루어진 것임이 물론이다. 박지원의 "땅 모양이 구형이라고 주장하는 자는 실제 모양을 확신해서 의리를 배제하려는 것"이란 언표를 음미해 보면, 천문 지식으로서 지구·지전설이 담고 있는 사상적 의미를 명확히 이해한 나머지 일왕→대일통의 논리를 그 근저에서 부정, 배제하고 있다. 그렇다면 박지원에 있어서는 중국 중심적 천하관이 극복되었다고 말할 수 있을까?

역사상에서 중국 중심의 천하관은 어떻게 극복되었던가? 이 문제는 근대로 향하는 역사 도정道程에서 중대한 사상사의 과제로 응당 중요시해야 할 안건이다. 위에서 거론한 박지원의 경우를 보면 적어도 이론적 차원에서는 그 문제를 극복했다고 말할 수 있다. 그러나 그가 처한 현실은 엄연히 중국 중심의 천하관으로 형성된 조공체제의 세계 그것이었다. 체제 현실은 아직 넘어서질 못한 상태였다.

또한 존재가 의식을 규정한다고 하지만, 일단 구축된 의식이 이념 또는 신앙으로 굳어지면 그 자체로서 생명력을 갖는 사례가 인간 세상에는 허다하다. 중국 중심의 천하는 동문세계同文世界—한자·유교 문화권을 형성했던 사실에 유의할 필요가 있다. 대일통의 세계는 서동문書同文의 동심원적 확대에 따라 구체적인 내용과 형식을 갖추게 되었다. 이에 중국 중심의 세계는 문명 개념으로 확고한 의미를 갖게 된 것이다. 다시 말하면 문명론적 개념의 '중화'가 성립하기에 이르렀다. 그런 한편, 17세기 이래 중화주의라는 강고한 형태의 이념이 출현하기도 했다.

박지원의 중국천하관에 대한 문제 제기는 중화주의의 극복이란 사상사적 의미를 띠고 있다. 그러나 그의 지적 모색이 '탈중화'의 방향으로 진전했느냐고 묻는다면, 답변은 선명하게 나가기 어렵다. 문명론적으로는 오히려 '중화'에 더 경도된 면도 있다. 중국의 선진 문물을 적극적으로 배우고 받아들이자는 입장을 보였기 때문이다.

조공체제는 19세기 서구 주도의 근대를 통과하면서 무장 해제를 당하듯 해체되고 말았다. 중국천하관 또한 함께 매몰되어 버린 상태였다. 중국천하관의 극복이란 매우 중대한 사상사적 과제는 그에 따라 실종되어 버린 것이 아닌가 싶다. 그렇다면 중국천하관은 근대 초입에 매몰됨으로 해서 역사의 시간 속으로 영영 사라졌을까? 매몰된 것은 드라큘라 백작의 사체처럼 언제고 꿈틀거리고 일어설 가능성이 잠재된 상태다. 그래서 나는 이 사상사적 과제를 대단히 심상치 않게 여기고 있다.

3

흔들린 조공체제에서 싹튼 비판 사상

중국 중심의 세계 질서—조공체제는 나름으로 자기 완결적인 형태로서 영속성을 지녔다고 말할 수 있다. 그 영속성은 19세기 중엽 이후 동아시아가 서구 주도의 근대 세계로 진입할 때까지였다. 나는 근대 세계로 진입하기 전 단계로서 17~19세기의 시간대를 '흔들린 조공체제'로 설정하는 견해를 기왕에 제시한 바 있다. 17세기 동아시아 세계에는 역사 전환의 드라마가 전개되었다. 이후를 '흔들린 조공질서'라고 표현한 것이다.

1592년 일본의 한반도 침공이 국제전으로 발전했던 7년 전쟁은 이 역사 드라마의 서곡이었던 셈이니, 일본 열도에서 에도 시대의 출범과 중국 대륙에서 명·청의 교체로 막이 열린 모양이다. 그리하여 성립한 청 황제 체제로 이후 200년 동안 '세계'는 안정적으로 유지되었다. 하지만 성립 과정에서부터 균열이 발생했으며, 그 균열은 다시 봉합될 수 없는 상태로 잠복해 있었다. 이번의 흔들림은 끝내 복원될 수 없는 성질의 것이었다. 왜 그런가? 주요인이 '서세동점'西勢東漸이란 지구적 역사 운동에서 파생된 균열이었기 때문이다.

물론 만주족의 청나라가 '세계'의 주인으로 등장한 사실은 당시 그 '세계'의 지식인들에게는 경악할 사태였다. 존왕양이尊王攘夷라는 명분론에 비추어 도저히 수긍할 수 없는 현실에 직면한 것이다. 그렇지만, 입장에 따라서는 반응이 상당히 달랐던 것 같다. 일본의 유학자로 알려진 하야시 슌사이林春齋(1618~1680)라는 인물은 대륙에서 중화의 명明이 이적夷狄의 청淸에 의해 패망하는 소식을 접하자 "이것은 화華가 이夷로 바뀌는 형태다"고 표현했다. 그는 당시 명·청 교체의 상황에서 일본 막부가 접수한 해외 정보 자료들을 총정리, 『화이변태』華夷變態라는 책자를 편찬한바 그 서문에 나오는 말이다. 때마침 오삼계吳三桂 등이 청에 반기를 들어 명을 회복하기 위한 군대를 일으켰다는 새로운 소식을 접해서 "만약에 이가 화로 바뀌는 형태가 된다면 비록 이역의 일이나 또한 쾌하지 않으랴!"는 말로 이 서문은 끝맺고 있다.[2] 대륙의 상황이 어떻게 귀결될지 예의 주시한 발언이다.

화와 이로 구분 짓는 관점은 일본 지식인도 조선 지식인과 다르지 않음을 보이고 있다. 중국 대륙의 정세에 비상한 관심을 가지고 있었던 점 또한 마찬가지였다. 관심의 도로 말하면 일본 측이 오히려 더 높았다. 하지만 양자간에 중요한 차이점이 있다. 일본은 '이역의 일'로 관망하는 자세다. 기본적으로 '강 건너 불'이었던 셈이다. '이가 화로 바뀌는 형태'를 반가운 일로 느끼긴 하는데, 그건 운동 경기에서 어느 한 편을 선호하는 그런 정도의 감정이 아닌가 싶다. 조선처럼 절대 당위의 의리로 사고하는 명분론은 거기에 전혀 개입되어 있지 않은 상태다. 대륙의 상황 변화를 예의 주시하는 일본 측의 태도는 다분히 전략적인 의미를 띤 것이었다. 그래서 조선과 중국을 타자로서 대상화시키고 정보 수집 활동을 폭넓게 조직적으로 진행할 수 있었다. 『화이변태』라는 방대한 분량의 책이 증명하는 사실이다.[3]

반면, 조선의 지식인에게 중국 대륙에서 벌어진 사태는 그야말로 '하늘이 무너지는 슬픔' 그것이었다. "대명천자大明天子는 우리 임금의 임금我君之君이라"[4]는 문구가 진정성으로 받아들여졌던 터이므로, '하늘이 무너지는 슬픔'을 느끼는 것은 당연한 도리라고도 할 것이다. 청淸이 북경北京에 입성할 당시 22세의 청년이던 유형원柳馨遠(1622~1673)은 그 상황을 '천하피발'天下被髮(온 세상 사람들이 오랑캐 머리를 한다는 뜻)·'인의충색'仁義充塞(인의의 도가 막혔다는 뜻)으로 인식하고 있다. 야만 천하로 바뀌어 도道가 실종되었다는 처절한 좌절감이다. 유학-성리학으로의 경사도가 본고장에 비해 더 컸던 조선조 사회는 중국 사회보다 사상적 파장이 더욱더 컸던 것도 같다. 일본 지식인에게 '이역의 일'이었던 그 사태가 조선 지식인에게는 엄청난 충격이고 헤어나기 어려운 고뇌였다.

그 당시 조선의 집권 세력은 이런 정신 상황을 고려해서 북벌론北伐論을 체제 이데올로기로 수립한 것이다. 이는 널리 알려진 사실이다. 현실의 만주족 청나라의 지배 체제를 반대, 부정하고 보면 도달하기 마련인 논리의 귀결점이다. 그러나 어차피 실천적 논리가 아니고 관념상의 논리인데, 이미 상실한 '중화의 도'를 복원할 중심으로서 조선을 사고하고 보니 '중화'는 바로 조선에 있었다. 이른바 '조선 중화주의'다. '탈중국적 중국 중심주의'라고 하겠다.

이 '조선 중화주의'는 만청滿淸 체제가 제기한 논리와도 역설적이지만 통하는 면이 있다. 청의 옹정제雍正帝는 조칙에서 자신이 당당히 중화의 주인으로서 '천하일통'天下一統을 다른 어느 시대보다도 광역으로 수행하고 있음을 자부했다. '화이일가'華夷一家를 선언한 것이다. 중화는 인종에 귀속되지 않은, 신해석이 가해졌다. 말하자면 '만청 중화주의'는 '탈한족적 중화주의'임에 대해서 '조선 중화주의'는 '탈한족·탈중국적 중화주의'라고 규정할 수 있겠다. 그 어느 쪽도 진정한 '탈중화주의'는 아니다.

중국 중심의 세계에서 화이의 전도가 곧 조공체제의 해체로 이어지지 않았던 것은 역사가 증명하는 사실이다. 명·청 교체의 경우 역시 그러했다. 그럼에도 명·청 교체 이후 전개된 시대를 '흔들린 조공체제'로 규정한 까닭은 어디에 있는가? 다름 아닌 '서세'西勢가 역사 전환에 개입하고 지속적으로 작동한 현상을 주목한 때문이다.

일본이 주도한 7년 전쟁, 그리고 명·청이 각축한 전쟁에서 서양 문명이 개발한 신무기가 도입되어 전세에 적지 않은 영향을 미쳤던 사실도 간과할 수 없는 일이다. 나는 이보다도 '서세'가 몰고 온 사상적 파장에 주목하고 있다.

사례 하나를 들어 보자. 조선이 서양 문명과 접촉하게 된 것은 동아시아 국가 중에도 일본이나 중국에 비해 훨씬 늦은 편이었다. 지리적으로 서양의 접근성이 떨어진 때문에 조선은 일종의 사각지대처럼 되었다. 1631년에 정두원鄭斗源(1581~1642)이 인솔한 조선 사절단이 중국의 산동반도山東半島 등주登州에서 서양 선교사 로드리게스Johannes Rodriguez(1561~1633. 한자명: 육약한陸若漢)를 조우하는데, 이것이 조선과 서양의 첫 만남으로 기록되고 있다. 조선 사절단은 저들과 대화를 해보고, 또 기증한 천문 지리 등 서책이며 무기 관측기기 등을 받은 다음 소감을 "중국의 바깥에서 이런 인물, 이런 교화敎化, 이런 제작製作이 어떻게 나올 수 있단 말인가?"라고 놀라운 마음을 감추지 못했다. 여태껏 개물성무開物成務의 창조는 성인의 공능功能으로 믿어 왔다. 중국의 바깥에도 이런 문명이 있다니 너무도 놀라워, "이는 누가 만들었고 누가 전했는가?"라고 일대 의문을 제기했다.

정두원 등이 일으킨 의혹의 초점은 중국이 세계의 중심이냐는 데로 가지 않을 수 없었다. 이 물음에 대해 로드리게스는 "만국 전도에 대명大明이 가운데 그려진 것은 단지 보기 편하게 하기 위해서일 뿐이요, 지구로 논하면 나라마다 중심이 될 수 있다"고 선명하게 답을 주고 있다.[5] 나는 바로 이 사상적 충격이 조공체제에 균열을 가져온 것으로 진단을 내린 것이다. 물론 그 사상적 충격은 중국에서 먼저 일어났다가 조선으로 파급된 것이었다. 그리고 저 사상적 충격은 일시적으로 끝난 것이 아니고 이후 계속 파고를 높여서 밀려왔으므로, '흔들린 조공체제'는 복원이 불가능했다는 판단을 내린 것이다. 그렇다면 '서세'의 사상적 충격에 대해 어떤 사상적 대응이 있었던가?

읽어 보기

조선과 서양이 최초로 만난 이야기

조선 사신 정두원이 서양 선교사를 만나서 대포와 세계 지도, 망원경 등을 기증받아 가지고 돌아왔다는 것은 교과서에까지 나오는 역사적인 사건이다. 조선과 서양의 첫 만남이라는 점에서 특기할 일임에 틀림없다. 또한 이 만남은 동서의 지적인 대화를 수반한 점에서 각별한 관심을 기울일 필요가 있다.

그런데 의외로, 그런 사건이 발생하게 된 배경이나 경위와 함께 만남의 양측 주역인 정두원과 로드리게스란 인물에 대해서 거의 알려져 있지 않다. 나는 정두원이 남긴 연행의 기록을 다룬 논문에서 조선과 서양의 첫 만남이라는 점에 주목해, 방금 든 몇 가지 의문을 해명해 보려고 나름으로 노력을 했다. 이 논문의 내용의 일부를 간추려 여기에 소개한다.

'조선과 서양의 첫 만남'은 어쩌다가 우연히 일어난 사건이 아니다. 세계사적 움직임, 그와 연계된 동아시아의 정세와 복잡하게 얽힌 일이었다. 따라서 그 과정에 이런저런 재미난 이야기들이 깃들어 있다. 먼저 정두원이 로드리게스를 만나고 나서 귀국해 국왕에게 올린 보고서를 보자.

"육약한陸若漢은 곧 이마두利瑪竇의 친구입니다. …… (그가) 광동廣東에 이르러서 홍이포紅夷砲로 노사虜師(오랑캐 군대)를 공격하겠다고 청했던

바 황제는 가상히 여겨 교관의 임무를 맡도록 하고 등주登州로 보내니 군문軍門(손원화孫元化를 가리킴)은 그를 빈사賓師로 대우했습니다. …… 어느 날 육약한이 신을 찾아와서 만났는데, 그는 나이가 97세로 정신이 수려해 신선처럼 표표해 보였습니다. 신이 화포 1문을 얻어서 가지고 돌아가 바치기를 원했더니 육약한은 즉시 허락하고, 아울러 여러 서책 및 기물들까지 제공했던 것입니다."

『국조보감』國朝寶鑑 권35

정두원은 국왕에게 로드리게스를 소개하면서 먼저 마테오리치 Matteo Ricci(1552~1610. 한자명: 이마두利瑪竇)의 친구라고 한다. 마테오리치라는 존재는 당시에 이미 어떤 식으로건 조선에 인지되었음을 알 수 있다. 뒤에 곧 언급하겠는데, 마테오리치를 로드리게스의 친구라고 하기는 어려운 면이 있었다. 그리고 로드리게스가 97세라고 한 것은 착오이며, 당시 70세에 불과했다. 70세라 해도 노인인데, 용모가 '신선처럼 표표한' 것으로 그려 놓았다. 다른 기록에는 '도가 있는 사람'有道之人처럼 느껴졌다고도 되어 있다. 서양인에 대한 첫인상에서 고상한 이미지가 형성된 점은 흥미롭

* 「보은기우록」(報恩奇遇錄)이란 우리 고전 소설을 보면 뜻밖에도 이마두를 등장시키고 있다. 더 뜻밖인 것은 도사로서 표표한 신선의 이미지를 띤 것이다. 한국 소설에 최초로 등장하는 서양인일 것이다. 서양 선교사를 어떻게 신선 이미지로 꾸며 냈을까? 자못 의아스런 점이다. 정두원과 육약한이 만났던 한국과 서양의 첫 만남에서 이미 그런 이미지가 형성되었던 것이 아닌가 싶다.

다.* 후일에 서양인을 금수로 취급했던 것과는 아주 대조적이다. 그리고 무엇보다도 궁금한 문제는 서양 선교사가 어떻게 산동반도 등주의 군문에 있게 되었으며, 신예 무기를 왜 조선에 제공했을까 하는 점이다.

로드리게스, 그를 조선 사신이 만나게 된 경위

로드리게스는 스페인의 라멩고 지방에서 1561년에 태어나 16세의 어린 나이로 머나먼 일본으로 건너왔다고 한다. 그의 한자식 이름이 육약한陸若漢이어서 우리나라 기록에는 한자명으로 나오는 것이다. 영어식 명칭이 로드리게스다. 그는 청장년기를 일본에서 보내며 활동하다가 1610년 무렵 일본에서 추방을 당해 중국 대륙을 밟았다.

로드리게스란 인물은 활동 구역이 당초 중국이 아닌 일본이었기 때문에 중국에서의 위상은 그렇게 높지를 못했다. 반면에 그는 일본 선교의 역사에서 저명한 존재인데, 특기할 사실은 일본어에 능통해 성서 번역에 공헌했고, 나아가서 서구적 논리에 의해 일본어 문법을 연구했던 것이다. 『일본대문전』日本大文典(일본 나가사키, 1604~1608)과 『일본소문전』日本小文典(중국 마카오, 1620)을 저술·간행 했고, 따로 『일본교회사』日本敎會史라는 미완성의 저술을 했다. (서명을 『일본교회사』라고 붙였지만, 중국까지 포괄한 내용이라 함.)

로드리게스와 마테오리치는 출신국이 달랐으며, 선교 활동을 한 구역도 달랐다. 일본통의 로드리게스가 중국으로 옮긴 이유는

에도 정부의 천주교 탄압과 관련이 있을 것이다. 로드리게스가 처음 밟은 대륙의 땅은 당시 스페인을 위한 개방구였던 마카오澳門인데, 이때 그는 50대였다. 당시 마테오리치는 이미 세상을 떠난 후였다.

로드리게스에 관한 전기적 기록에 따르면, 그는 마테오리치가 채택한 '천주'天主라는 한문 역어에 문제를 제기해 누차 글을 발표했다 한다. 뿐 아니라 중국의 정신 전통에 대한 해석상에서도 적잖은 이론 차를 보였던바, 이 점은 조선 사절단에 보낸 그의 답신에도 약간 비치고 있다.

로드리게스의 발길이 어떻게 마카오에서 멀리 떨어진 산동반도에 닿아 조선국 사신과의 만남이 이루어질 수 있었을까? 이 의문점에 대해서는 중국으로 들어와서 활동한 예수회 선교사들의 전기를 정리한 비리지費賴之(Louis Pfister) 신부의 기록에 의하면, 명의 위기 상황에서 마카오의 공민公民인 곤잘베스Gonsalves(한자명: 공사적서로公沙的西勞)가 대포 10문에, 약간의 군사를 거느리고 북상해 지원할 때 로드리게스 신부가 통역자로 종군하게 되었다는 것이다.

당시 서양 대포는 실전에서 가공할 위력을 발휘한 때문에 명 황제는 가납嘉納을 해 등주에 주둔한 손원화孫元化 군문에 배속이 되기에 이른 것이다. 이런 정황을 정두원은 "(육약한 등이) 홍이포를 들고 와서 되놈 군대를 치겠다고 자청함에 황제는 가상히 여겨 수만금을 하사하고 장교관으로 기용, 등주로 보내니 손 군문은 육약한을 빈사로 대접하고 있습니다"라고 임금께 보고했다.

조선 사신 정두원이 손원화 사령부로 로드리게스를 심방尋訪함으로써 조선과 서양의 역사적인 만남이 이루어졌다. 물론 당시 대륙의 상황이 만주 세력이 요동 지역을 장악하고 있었기 때문에 조선 사절단이 부득이 해로를 택해 산동반도의 등주에 들르게 되었고, 명나라 또한 '서세'를 용납해 로드리게스를 이곳에 배속시켰기 때문에 양측의 만남이 가능했던 것이다.

대개 이질적이고 생소한 두 문명이 접촉하면 충돌과 갈등을 동반하기 마련인데, 이 경우 낯가림조차 기록된 것이 없다. 이상했다는 느낌마저 든다. 그렇게 된 데 무언가 곡절이 없지 않았을 터다.

그 주요인은 당시 조선 사행이 접한 '서세'는 이미 명 황제의 신임을 받았을 뿐 아니라, 명의 위기를 구원하는 입장이었다는 점이다. 이런 사실에 조선 사신은 감동한 어조로 "되놈들을 섬멸하기로 뜻을 두어 화기를 정비하고 의군으로 응모해 천리를 멀다 않고 어려운 곳으로 달려왔다"고 표현한다. 그리하여 "충의의 명성은 원근에 널리 울리고 있다"는 찬탄을 발한 것이다. 명 황제에 대한 '충의'를 뜻하는 것이니, 이는 대일통적 관념의 표출이다. '서세'가 과연 이 관념을 수용했을지는 의문시되지만, 어쨌건 대청對淸 전선에서 명과 동맹 관계에 있는 조선으로서는 '서세'가 당연히 우군처럼 비쳐졌을 것이다. 따라서 저들에게 신예 무기의 지원을 쉽게 요청할 수도 있었을 터이며, 서세의 입장에서도 파격적으로 호의를 보이고 무기 및 서책 등속을 선뜻 제공했을 것이다.

조선과 서양의 지적 대화

당시 양쪽 사이에 주고받은 서한이 전해지고 있다. 정두원의 수행 역관 이영후李榮後가 먼저 편지를 보내고 서양 선교사 로드리게스가 답장을 한 것이다. 역관이 선교사에게 서한을 보낸 것은 사적인 일이 아닌, 정사 정두원을 대신한 외교 행위라고 보아야 할 일이다. 정두원과 로드리게스의 만남이 역사적 의미를 가졌던 만큼 이 또한 역사적 문건이라 할 수 있다. 조선과 서양의 최초의 지적 대화라는 측면에서 대단히 중요하고 흥미로운 사실임이 물론이다. 다음에 양측 서한의 긴요한 내용을 요약 제시하되 간단한 설명을 붙여 둔다.

이영후가 로드리게스에게 보낸 서한

"우리나라와 귀국 사이는 하늘 끝이요 땅의 모서리인데, 지금 뜻밖에 만나 정신을 교류하니 이는 천고에 없었던 기이한 일입니다."

저들이 제공한 무기와 기기器機에 대한 소감: "아니 중국 대륙의 바깥에서 어떻게 이런 인물, 이런 교화敎化, 이런 제작制作이 나올 수 있단 말인가?…… 이는 누가 만들었고 누가 전했는가?"

저들이 준 서책에 대한 독후감: "태서자泰西子는 천도天道(하늘의 이치, 즉 천문학)에 정치하고 심오해 고금에 특출하다."

로드리게스의 답신

이영후가 보낸 서한의 반 정도 길이로 짧으면서도 지적 대결의 식이 느껴진다. 천문역법에 관련해서는 명나라 황제가 자기들에게 역법 개수를 명해서 지금 작업 중이며, 천문의 자세한 이치는 몇 마디로 설명하기 어렵다고 했다. 서양의 지적 우위로 이미 판명이 된 터에 논할 것이 없고, 기회가 닿으면 후일에 가르쳐 주겠다는 의미로 읽힌다.

중국이 세계의 중심이냐는 물음에 대한 답변: "만국 전도에 대명大明이 가운데 그려진 것은 단지 보기 편하게 하기 위해서일 뿐이요, 지구로 논하면 나라마다 중심이 될 수 있다."

로드리게스의 답신에서 동서비교론으로 읽히는 대목

① 동서의 원천적 공통성으로서의 천학天學: "삼강·오상五常과 치국의 도리로 말하면 우리나라에도 유사하게 있는 '이 세상의 학문'此世學이라오. 그리고 따로 천학이 있는데, (중국에서는) 진시황의 분서焚書로 전하지 못한 것이 아닌가 합니다."

· 마테오리치는 『시경』·『서경』 등 중국 경전에서 기독교적인 천 개념을 발견했는데, 로드리게스는 따로 '천학'이란 지식 체계를 상정한 것이다. 로드리게스가 말하는 천학은 진시황의 분서로 후세에 전하지 않게 되었다 했으니, 마테오리치와는 다른 관점인 듯하다.

② 동서의 학문 태도의 차이점: "중국은 오직 고인을 믿어서 착오를 일으키고 잘못 이르게도 되는데, 서국의 학문하는 태도는 예로부터 오늘에 이르도록 때에 따라 참작·검토해 그 근원에 도달하지 않고는 그만두지 않습니다."

· 서양에 비교해 동양의 상고적인 태도의 맹점을 지적한 이 논리는 서양적 관점에서 정곡을 찌른 것으로 생각됨.

후일담

등주 손원화의 부대는 조선 사신이 떠나고 얼마 지나지 않은 시점인 1632년에 내부에서 반란이 일어나 홍이포를 비롯한 신예의 병기가 몽땅 적군에게 넘어가는 어처구니없는 사건이 발생했다. 그 사이 경위는 간단히 말해서 이렇다.

당시 평안도 가도椵島에 주둔하던 명군 모문룡毛文龍 장군의 부장으로 있던 공유덕孔有德이란 자가 모문룡이 명군 사령관 원숭환袁崇煥에게 죽임을 당하자 등주로 건너와서 의탁해 있다가 반란을 일으켰다. 이에 손원화 부대는 무너지고 공유덕은 명 진압군의 반격을 버티기 어렵게 되자 신예의 병기를 가지고 적군, 즉 청에

투항을 한 것이다. 반란이 일어났을 때 곤잘베스 등 포르투갈 지원군은 함께 몰살을 당했는데, 로드리게스는 구사일생으로 성을 넘어 탈주했다. 마카오로 돌아가서 이내 생애를 마쳤다 한다. 그가 사망한 시점은 1633년 또는 1634년으로 확실치 않다.

실학의 대두

나의 소견으로 '서세'에 대한 사상적 대응의 의미는 어느 무엇보다도 실학이라고 일컬어지는 신학풍에서 뚜렷하다. 17세기 이래 발흥한 신학풍을 한국에서 실학이란 개념으로 파악해 왔던바, 이에 해당하는 학문 경향은 동시대의 중국과 일본 학계에서도 발견할 수 있다. 중국에서는 명·청 교체기에 황종희黃宗羲·고염무顧炎武·왕부지王夫之 등은 시대의 고뇌와 지식인의 통한으로 새로운 학문의 길을 개척했으며, 일본에서도 에도 시대로 들어와 이토 진사이伊藤仁齋에서 오규 소라이荻生徂徠로 이어지는 고학파古學派가 등장했다. 일본의 경우는 이른바 국학파國學派 또한 일본적 실학으로 간주할 수 있는 것 같다.

이 실학의 기원은 다름 아닌 '조공체제의 흔들림'에서 찾을 수 있다. 앞서 거론한 유형원의 경우 '천하피발'·'인의충색'의 상황을 통탄하며 암담한 세상을 구제할 '대인 선생'大人先生을 대망했다. 그러나 아무리 기다린들 '대인 선생'은 출현할 리가 없었기에 스스로 개혁적 경륜을 담은 『반계수록』磻溪隨錄을 저술한 것이다.* 『반계수록』이 한국 실학의 선구가 된 것은 우연이 아니라고 하겠다.

유형원의 『반계수록』은 황종희의 『명이대방록』明夷待訪錄과 저술의 배경이나 정신에서 통하고 있다. '조선 중화주의' 또한 동시대의 사상적 고뇌를 대변해서 성립한 논리의 틀이다. 그렇지만 이는 중화주의의 비판이라기보다는 경직된 형태의 '중화주의의 변종'으로 간주해야 할 성질이다. 중화주의의 비판과 '서세'의 충격에 따른 사상적 각성은 맥락을 같이한다.

"인간의 처지에서 본다면 화하華夏와 이적夷狄의 구분이 실로 뚜렷하지만, 하늘〔天〕이 명命하신 바에서 본다면 은나라의 의관이나 주나라의 의관도 각기 그 시대의 제도일 따름이다. 그런데 어찌 꼭 청나라 사람의 홍모紅帽에 대해서만 회의할 것이랴!"

「호질발」虎叱跋, 『열하일기』

박지원의 걸작으로 손꼽히는 「호질」에 작가 자신이 붙인 글의 한 대목이다. 청나라 사람들이 뒤로 땋은 머리 모양과 함께 붉은 모자를 당시 우리나라에선 오랑캐 풍속이라고 비웃었다. 그리고 갓 쓰고 도

---

* "(반계는) 평소에 늘 우리나라가 큰 치욕을 당하고 천하가 변발을 하게 되었으며, 만민이 곤궁하고 인의가 막힌 세상에 대인 선생(大人先生)이 출현해 구제하지 않는 현실에 깊이 고민했다. …… (저술을 하는 일에) 평생의 정력을 다 바쳐, 먹는 것도 잊고 다른 생각도 잊은 것이 대개 20여 년이었다. 그가 저술을 함에 있어 혹은 고금의 전적을 읽어 취하거나 혹은 사려한 바에 의거해서 얻은 데 따라 기록을 한 까닭에 책 이름을 '수록'이라고 한 것이다."(梁暹, 「磻溪先生行狀」)

포 입은 우리나라의 전통 복식을 천하에 없는 고제古制라 해서 자랑했던 것이다. 위 글에서 하늘의 공평한 눈으로 보면 그런 구분을 둘 수 없는 것이므로, 청나라 사람의 복식을 특히 야만시하는 것은 정당한 관점이 아니라고 경종을 울린 것이다.

"땅 모양이 구형이라고 주장하는 자는 실제 모양을 확신해서 의리를 배제하려는 것"이라고 설파했던 박지원은 절대적 명분으로 나누어 놓은 '화이지분'華夷之分이란 인간 세상의 편견이며, 하늘의 공평한 안목으로 보면 차등이 있을 수 없다고 주장한 것이다. 의리의 절대성을 부정하고 가치의 상대성과 존재의 다원성을 천명한 점은 인식론적으로 의미가 크다고 보겠다.

박지원의 학문적 반려였던 홍대용洪大容(1731~1783)은 "사이四夷가 중국을 침략하는 것은 구寇요 중국이 사이에 무력을 남용하는 것은 적賊이라 한다"(『의산문답』醫山問答, 『담헌서』湛軒書 내집內集 권4)고 하면서 구寇나 적賊이나 부당한 행위임은 마찬가지라고 단언했다. 화華와 이夷의 평화 공존의 논리다.

이 공존의 논리는 일찍이 석개石介가 「중국론」中國論에서 "사이는 사이로 살아가고 중국은 중국으로 살아가서 각기 서로 혼란을 일으키는 일이 없이 이렇게 서로 지낼 따름이다"*라고 했던 발언과 유사성이 있는 것 같다. 명나라 태조의 유훈遺訓에도 "사방의 인종들이 중국을 침노하는 것은 상서롭지 못한 일이요, 중국으로서 가벼이 군사를 일으켜 사방을 치는 것 또한 상서롭지 못한 일이다"(「황명조훈」皇明祖訓)라는 말씀이 들어가 있다. 그런데 중국 입장의 논리는 상호의 평화 공존을 말하고 있긴 하지만 상대성과 다원성을 인정한 사고로부터 도출된 것이 전혀 아니었다. 홍대용은 지구地球·지전地轉의 과학적 지식으로 유추해 화이론華夷論의 내외지분內外之分을 다원적인 성격으로 바꾸어 놓았다. 여기서 그의 유명한 역외춘추론域外春秋論**이 제출된 것이다.

---

* "각기 그 사람은 그 사람대로, 각기 자기 습속은 자기 습속대로, 각자 자기네 가르침은 자기네 가르침대로 …… 사이는 사이의 지역에서 살아가고 중국은 중국의 지역에서 살아가며, 각기 서로 혼란을 일으키는 일이 없이 이렇게 서로 지낼 따름이다. 그런즉 중국은 중국이요, 사이는 사이다."(石介, 「中國論」)

** 공자는 중국의 중심인 주(周)의 정통성을 지키려는 뜻에서 『춘추』라는 역사서를 지었다. 『춘추』는 중국 중심의 역사다. 중심이 따로 있는 것이 아니고 상대적이라는 관점을 가졌던 홍대용은 공자의 경우 주나라가 자기의 종주국이기 때문에 주를 정통으로 한 역사를 썼다는 것이다. 만일 공자가 중국 바깥에서 태어났다면 '역외춘추'를 썼을 것이라고 설파했다. 이것이 역외춘추론이다.

4

근대적 세계에서 '동양'과 '중화'의 개념

19세기 후반 조선의 김윤식金允植(1835~1922)은 당면한 신세계를 인식하려는 취지에서 『만국정표』萬國政表(박문국, 1886)라는 책을 편찬하는데, 그 서문에서 "무릇 지금의 만국은 옛날의 만국이 아니어서 문자는 동문同文을 사용하지 않고 차량은 동궤同軌로 가지 않고 있다"고 적었다. '만국'이란 말은 오랜 옛날부터 서동문書同文·거동궤車同軌의 동일한 문명권을 통칭하는 개념이었다.* 19세기 후반기 현재에서 '만국'은 가리키는 범위가 전 지구적으로 확대되었다는 뜻이다. 근대적 세계라고 불러도 좋겠다. 근대적 세계에서 '흔들리던 조공체제'는 드디어 와해되고 말았으니, 이 단계로 와서 중국천하관은 입지를 상실하고 말았다. 앞의 조공체제가 흔들린 상황에서 중국천하관에 대해 일부 개명적인 지식인들 사이에 비판 사상이 창출되긴 했으나, 그 이데올로기와 연계된 체제를 바꾸는 데는 크게 힘을 발휘하지 못했다. 따라서 중국천하관의 극복이란 사상사적 과제는 이 단계로 이월되어 해결하지 않으면 안 되는 사안이 된 것이다.

이 근대적 세계에서 '나'의 정체성, 그리고 '나'와 연계된 타자를 어떻게 인식하느냐가 새삼 주요 이슈로 제기되었다. 신채호申采浩(1880~1936)는 우리나라를 대표하는 호칭으로 '대동'大東을 제시하고 '대동제국사'大東帝國史라는 제목으로 자국 역사의 체제를 구상한 바 있었다. 이 역시 근대 세계에 서서 정체성을 수립하고자 한 시도로서 이해되는 것이다. 이 단계에서 호칭이 구구했던 저 대륙의 큰 국가를 어떻게 호칭하느냐는 문제가 대두했던바 일본은 '지나'支那라고 불렀는데, 대륙의 그들은 '중화'中華 또는 '중국'中國을 대표 국명으로 택한 것이다.

그리고 구 중국 중심의 세계 전체를 어떻게 부르느냐는 문제가 또한 이때 비로소 제기되었다. 누구나 대개 알고 있듯 구 중국 중심의 세계를 포괄한 개념으로 아시아Asia 내지 동아시아〔東亞〕 또는 동양東洋이란 명칭이 등장해서 오늘에 이르도록 통용되고 있다. 이들 용어 중에서 '동양'이란 말에 대해 검토해 보기로 한다.

---

* '서동문 거동궤'는 원래 사서(四書)의 하나인『중용』(中庸)에 나오는 말이다. "지금 천하는, 수레는 궤도가 같고 글은 글자가 같고 행동은 윤리가 같다"(今天下 車同軌 書同文 行同倫)고 나와 있다. '서동문'은 문자의 통일, '거동궤'는 생활 제도의 통일을 뜻하는 것이다. 원래 중국 대륙 내부에서 국가적 통합을 의미했는데, 주변 지역으로 중국 문화가 전파됨에 따라 의미가 확장되었다. 즉 한자를 공용하는 지역을 한자문명권이라고 일컫는데, 전통적인 표현으로는 '동문세계'(同文世界)라고 했다. '동문세계'란 중국 중심의 세계 그것이다.

동양이란 말의 용례는 문헌을 통해 조사해 보면, 청대에는 중국에서 본 '남양南洋의 동쪽 바다'를 뜻하는바 대략 베트남의 동쪽 해역을 지칭했다는 것이다. 중국 근대에서도 아시아를 지칭하는 의미로는 쓰이지 않았는데, 지금과 같은 의미를 갖게 된 것은 일본 근대의 용법이라고 한다. 즉 '동양'은 일본 근대가 지어낸 개념이라는 견해다. 이는 일본 학계에서 제출한 것인데, 한국의 동아시아 담론에서도 정설처럼 받아들여지고 있다. 그러나 내가 보기에 이 설은 사실에 꼭 부합하는 것 같지 않다.

동양이란 '동쪽 바다'를 뜻하는 말이어서 본디 고유명사가 아니고 남해나 서해처럼 상대적인 개념이라는 점에 먼저 유의할 필요가 있다. 곧 '동양'이라고 하면 어디서나 해역의 방향에 따라 붙여질 수 있을 터인데, 특정한 의미를 갖게 된 것은 서양에 대칭된 이후부터였다. 동치同治 3년인 1864년판의 『만국공법』萬國公法이란 책에 그려진 동반구와 서반구로 나뉜 지구도를 보면, 지금 태평양이 '대동양'大東洋으로 표기되어 있다. 이 역시 대서양에 대한 대칭으로 쓴 것이다. 그리고 19세기 중반 중국에서 세계 지리의 지식을 제공한 책으로 유명한 『영환지략』瀛環志略을 보면 동양은 곧 태평양을 가리키고 있으니, '동양이국'東洋二國이란 일본과 유구琉球(류큐)에 해당하는 것이다. 중국에서 동양이라면 대륙의 동쪽 바다를 지칭했음을 알 수 있다.

유럽 지역을 이쪽에서 '서양'이라고 지칭한 것은 유래가 오래다. 17세기에 조선 사신 정두원이 로드리게스를 만나고 돌아와서 국왕에게 보고한 글에서도 이미 용례가 보인다. "신견서양홍이포……"臣見西洋紅

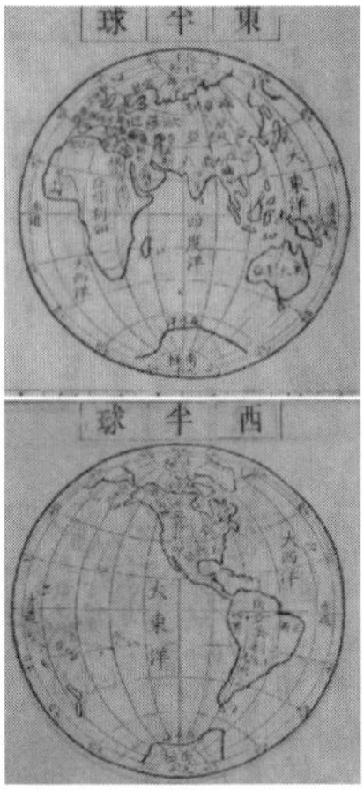

『만국공법』 4권 4책(1864년, 베이징). 청국이 근대적 세계에 참여하기 위해 간행한 책(왼쪽).
동반구/서반구. 『만국공법』에 실린 세계 지도.(오른쪽)

夷炮……(신이 서양 홍이포를 보니……)라고 한 것이다. 그렇다면 서양의 대칭으로서 동양은 그때 이미 상정된 것으로 볼 수 있다. 하지만 서양의 대칭으로서의 동양이란 개념은 19세기 중반까지도 입력되지 않았던 것으로 보인다. 중국을 세계로 생각해 왔으므로, 서양 세계에 대칭적인 개념은 중국이었다. 즉 '중서'中西라는 개념이 잡힌 것이다.

서양의 대칭으로서 동양을 내가 눈으로 확인한 바로는 1880년에 중국의 황쭌셴黃遵憲이 저술한 『조선책략』朝鮮策略에서 용례를 발견했다. 미국을 언급하면서 이 나라는 지세가 '대동양'에 치우쳐 있기 때문에 동양 국가들의 안위에 관심을 두고 있다는 것이다.* 동양이란 말에는 조선이 들어가 있음은 물론 중국까지 포괄한 것이다. 다음으로 위에서 거론한 조선의 『만국정표』에서도 "동양각국"東洋各國이라는 서술이 나온다. 이 경우 지금의 동양과 같은 개념이다.

서양에 대칭적인 동양, 서양이라는 타자에 대한 자기가 인식되지 않았기 때문에 서양을 발견하고도 그에 상대되는 동양이란 개념은 한동안 성립하지 못했던 것으로 보인다. 있었다면 중국이었다. 그래서 중서中西라는 개념이 그때 벌써 등장했다. '중서'는 중국인들이 지금도 항용 쓰는 말인데, 중국을 지구의 중심으로 생각하는 건 아니지만 자국 이외의 아시아 국가들은 안중에 들어오지 않는 어법이다. 그러다가 19세기 말에 이르러 현실적으로 서양의 대칭적 중국은 지워지고 있었다. 이때 와서 비로소 서양의 대칭적 동양 개념이 부각된 것이다.

동양이란 개념은 일본 근대가 처음 만든 것은 아니지만 서양의 대칭으로서 통용한 것은 사실이다. 문제점은 중국 근대의 경우는 동양이란 개념을 자아 속에 매몰시킨 데 있었으며, 일본 근대의 경우는 동양이란 개념으로 자아를 팽창시킨 데 있었다. 일본 쪽의 문제점에 대해서는 일본 학자의 진술로 대신해 둔다.

"'동양 전국全局의 평화를 유지'함을 표방했던 일청日淸전쟁에서 시작해, '동양의 치안을 영원히 유지'하기 위해 전쟁을 한다는 일러日露전쟁의 선전

---

* "그 나라(미국)의 형세는 대동양에 치우쳐 있기 때문에 상무(商務)가 유독 대동양으로 활발하다. 그러므로 또한 동양이 각기 자기 나라를 보존해 편안히 지내며 무사하기를 바란다." (『朝鮮策略』)

조서宣戰詔書, 그리고 '상호 행복을 증진하고 동양 평화를 영구히 확보하고자 한다'는 한국 병합 조약의 문구, …… 1941년 영·미에 대한 선전조서에서 말한 '동아東亞 안정을 확보하고 그것을 통해 세계의 평화에 기여한다'는 것에 이르기까지, 그러한 공식적 성명서만을 본다면 근대 일본의 대외 활동이 오로지 동양 내지 동아의 안정과 평화 확보를 과제로 삼아서 그것을 끊임없이 추구해 온 듯한 환각을 불러일으키는 글자들이 나열되어 있다. 이처럼 근대 일본의 역사를 되돌아볼 때, 일본이 동양 내지 동아라는 개념으로 전쟁이나 식민지 지배를 얼마나 정당화해 왔는가에 대해 새삼 놀라지 않을 수 없다."[6]

요컨대 일본 근대의 '동양'은 일본제국이 판을 벌이는 마당이었으니, 서양에 대칭적인 동양이란 개념을 구사해서 자아를 강화, 공격적으로 확장시켜 나간 형국이었다.

중국이 자신의 정식 명칭을 '중화'로 정한 것은 1911년 신해혁명 이후부터지만, 중국이란 관행적인 호칭은 유래가 아주 오래되었다. 근대 세계로 진입하면서 흔히 중화로 자칭하기도 했던 모양이다. 이에 대해서 황쭌셴의 발언을 들어 보자. "근세에 외국인을 대하면 매양 중화라고 일컫는데, 나를 '화'華로 남을 '이'夷로 치부해 자존비인自尊卑人의 뜻이 없지 않다"[7]는 말을 듣는다. 중국인 스스로 선택한 국가 명칭은 근대 세계에서 확실히 문제점이 있다.

그럼에도 나는 오랜 관행이므로 '중국'이건 '중화'건 용인할 수 있다고 본다. 문제는 중화주의에 있다.

바로 앞에서 거명했던 『만국공법』은 중국이 근대 세계로 진입한 초기에 공간公刊한 책이었다. 당시 청국이 서구에서 통행하는 근대적 국제 질서를 학습해서 근대에 적응하려는 의도를 가진 것이었다. 그런데 이 책의 서문은 "이즈음 천하의 대국大局을 살피건대 중화는 수선지구首善之區가 되어 사해가 회동會同하고 만국이 내왕하는 데"로 시작한다. 이 문맥에서 '수선지구'란 세계의 모범이요 으뜸이란 말이니, 이미 자존自尊의 뜻이 명백하다. 그리하여 뒤로 가서는 "무릇 중역重譯을 세워 찾아오는 자들까지 모두 다 위엄에 두려워하고 덕화에 감복한즉 이 책이 또한 중화에 크게 도움이 있을지라, 갖추어 두어서 변경을 대비함에 일조가 될 것이다"[8]라는 말로 끝맺고 있다. 근대 세계의 국제 관계를 완전히 조공질서로 치환해 버린 표현이다. 당시 중국의 지식인이 근대 세계에 얼마나 이해가 없었던가, 중화의식이 그들의 뇌리에 얼마나 찌들어 있었던가를 극명하게 보여주는 예문이라 할 것이다. 참고로 덧붙이자면, 19세기 말에 근대적 국제 질서인 공법회의公法會議에 일본은 가입했는데 중국은 가입도 못한 수모를 겪어야만 했다.

나는 무너진 중국을 근대 국가의 형식으로 처음 일으켜 세운 쑨원孫文의 대아시아주의를 논평하는 말로써 이 장을 맺으려 한다. 쑨원의 대아시아주의는 중화주의를 극복한 것인가, 아니면 중화주의의 연장선인가? 이 문제에 대한 근래 연구자들의 견해는 중화주의를 탈피하지 못한 쪽으로 평가하는 것이 우세한 듯싶다. 예컨대 중국의 젊은 연구자 양니엔췬楊念群은 "쑨원이 이미 시체가 되어 버린 '조공질서'를 여전히 남아 있는 문화적 껍데기로서 '대아시아주의'의 기초로 삼았음을 분명히 보여주고 있다"[9]는 지적을 하고 있다. 나는 이 문제에 발언할 전문가는 아니지만, 관련된 논의를 편 끝이라 소견을 간단히 붙여 둔다.

이 문제를 접근하는 데 먼저 고려해야 할 점이 있다. 쑨원은 사상가의 면모가 있지만 사상가라기보다는 현실 정치가라는 사실이다. 중화주의를 스스로 탈각하는 사상사적 과제는 자기 살을 칼로 도려내는 자기 부정의 비판 정신이 없이는 불가능한데, 근대 중국에서 오직 루쉰魯迅이 철저한 사상가로서 문학적 글쓰기로 벌인 작업이었다. 안과 밖으로 난제와 혼란이 중첩되어 있던 중국의 현실 정치가 쑨원에게서는 일단 기대치를 낮추어 보아야 하는바, 그의 한국관韓國觀을 특히 주목할 필요가 있다.

식민화된 한국에 대한 쑨원의 언급을 들어 보면 "중한中韓 양국은 동문同文 동종同種으로 본디 형제지국이라, 유구한 역사적 관계가 있어 보거상의輔車相依·순치상의脣齒相依로 잠깐이라도 떨어질 수 없습니다"고 말해서, 한국을 종래의 속방으로 간주한 듯싶은 관용어를 쓰고 있다. 그런데 바로 이어진 말이 "정히 서방의 영미英美 관계와 비슷하다 하겠지요"여서, 앞의 언표가 중국이 한국을 종속 관계로 생각한 것이 아님을 명확히 드러내고 있다. "한국의 복권 운동에 대해 중국이 응당 원조 의무가 있음은 말할 필요도 없습니다"[10]는 것이 그의 결론이었다. 중화민국이 어려운 처지에서도 한국의 임시정부를 승인하고 지원한 것은 쑨원의 이 발언의 실천이었다고 말할 수 있다.

물론 쑨원의 뇌리에 중화의식은 모호한 상태로 도사리고 있다는 지적은 틀리지 않다. 조공체제를 미화하는 듯 보이는 그의 언표에 문제점이 있다는 지적도 맞다. 그러나 '민국혁명'을 이끌면서 대아시아주의를 제창한 그의 사상은 역사적 진보성을 충분히 지닌 것으로 판단한다. 이 대목에서 량치차오梁啓超의 한국관과 대조해 볼까 한다. 한국관은 중국관의 반영이며, 거기에 동아시아상이 그려지게 마련이다.

량치차오는 동시대 중국 지식인으로 어느 누구보다 한국에 관심을 가졌고, 망국의 비운에 애도의 뜻을 표했다. 하지만 따지고 보면 한국을 슬퍼한 것이 아니고, 한국을 일본에 빼앗긴 것을 안타까워한 것이었다. 순망치한脣亡齒寒의 근심 그것이었다. 누구나 팔이 안으로 굽는다는 측면에서는 이해할 수 있지만, 그는 한국이 근대 세계의 출발선에서 독립 국가로 나선 것을 '잘못 끼운 첫 단추'라고 단정한 것이다. "일왕一王의 족적 언젠들 그칠 날이 있으랴! 제후국은 멋대로 외교를 할 수 없느니"王迹何年熄 人臣有外交 (「조선애사」朝鮮哀詞)라고, 근대적 세계에서 조선이 자주국으로 외교 관계를 갖게 된 사실을 두고 옛 경전의 논리를 끌어다 붙여서 맹비난을 퍼부었다. 한 걸음 더 나아가서는 임오군란 당시 청국이 군대를 끌고 들어와서 국왕의 친부인 대원군을 나포해 간 국가적 폭력을 정의롭지 못하다고 생각하는 것이 아니라, 오히려 한술 더 떠서 그때 "우리 병력은 조선을 흡수해 조선을 군현으로 만들 수 있었다"고 하면서 그렇게 하지 않았던 것이 천추千秋에 씻지 못할 실수였다는 투로 말한 것이다. 중국과 조선의 조공 관계는 영원히 바뀔 수 없는 대의라고 주장했으며, 조선은 폭력을 써서라도 지배했어야 옳다고 사고했음이 명백히 드러난다. 량치차오의 시각에는 조공체제의 한국만 존재해야 하는바, 그 이면에는 일본 제국주의와 맞선 청제국清帝國이 있었다. 량치차오는 일본제국에 대립각을 세운 나머지 중국 중심주의로 재전도된 동아시아상을 그려냈다. 한국 망명 정부를 '호혜 평등'의 관계로 승인한 쑨원의 한국관은 '민국혁명'을 실현하려는 그 자신의 중국관과 연계된 것임이 물론이다.

량치차오에서 발견되는 한국관의 문제점은 기실 그 스스로 중국 중심주의를 제대로 극복하지 못한 데서 비롯된 것이었다. 그의 뇌리에 깊숙이 박힌 중국 중심주의는 선뜻 제국주의와 야합하고 말았다. 내가 지금 굳이 량치차오 사상의 문제점을 들추어내는 까닭은, 그가 20세기 초에 동아시아의 근대 지식인으로 탄생, 당시 중국과 한국에 영향력을 크게 미쳤다는 데 있다. 이 문제점은 100년 전의 과거사로 그치지 않고 오늘의 동아시아 정신 상황에 여러모로 얽혀 있다는 데 문제의 심각성과 현재성이 있다. 량치차오에 대해 중국에서는 종래 계량주의자라는 이유로 부정적인 평가를 받아 왔으나, 최근으로 와서는 긍정적으로 평가하는 경향이 현저하다. 종래의 부정적인 시각이든 최근의 긍정적인 시각이든, 어느 쪽이든지 량치차오 사상에 내장된 중국관의 문제점을 파악해서 인식하지는 않고 있다. 한국의 량치차오에 대한 논의를 보면, 당시 한국에 끼친 그의 다대한 영향을 중시하면서도 그의 한국관의 문제점은 눈여겨보지 못하고 있다. 이런 현상은 왜 일어났고, 또 어떤 의미가 있는지 성찰해야 할 문제가 아닐 수 없다.

5

중국 중심주의의 현대적 변용태

'중국 중심 천하관의 극복'이란 이 장의 주제로 돌아가서 다시 생각해 보자. 그 극복이란 과제는 과연 무슨 의미를 갖는 것인가? 중국 중심 천하관에 의해서 형성된 세계, 그것은 여러 천 년에 걸쳐 하나의 체제로서 지속되어 왔다. 이 중국 중심의 세계—조공체제는 서구 주도의 근대 세계로 진입하면서 해체된 것이다. 바로 이때 구 중국 중심 세계—동아시아 지역은 어떻게 개편되고 어떤 국제 질서가 들어서는 것이 바람직했던가? 중국 중심 천하관의 극복이란 과제가 매우 중대한 사안임은 더 말할 나위 없다.

지난 20세기에 우리가 절실히 체감했던 대립·갈등의 동아시아, 지배 피지배의 동아시아는 바로 이 사상사적 과제가 제대로 풀리지 못한 데서 한 요인을 찾을 수 있다. 동아시아의 평화와 안정을 깨뜨린

'정신적 장애 인자' 였던 셈이다.

물론 중국 중심 천하관-중화주의가 옛날 그대로 부활할 이치는 없다. 문제는 옳게 극복되지 못한 때문에 '정신적 장애 인자'가 남아서 변종을 생산할 가능성이 있다는 것이다. 그것은 주로 중국 중심주의에서 서구 중심주의로 전도된 형태인데, 패권주의를 지향하게도 되고 구미 편향으로 나타나게도 된 것이다. 이는 과거의 현상이면서 미래에도 우려해야 할 문제다.

중국 중심주의라고 중국, 중국인에 국한된 문제로 생각하기 쉽다. 그렇지 않다. 중국만 아니고 한국인이나 일본인의 뇌리에도 잠복해 있는, 동아시아 국가들 및 동아시아인들 전반에 걸친 '정신 장애 인자'다. 역사적 배경과 현실적 위치에 따라 각기 다른 왜곡·변형의 현상을 드러내 보이는 것이다. 현대 중국의 '대국굴기'라는 국가 전략의 이면에서 중화주의가 고개를 쳐드는 느낌이 떨쳐지지 않는다. 동아시아의 패권을 놓치지 않으려고 중국에 대립각을 세우는 일본은 날카롭다. 이 새중간의 한반도는 중국천하관의 극복이란 사상사적 과제가 제대로 풀리지 못함으로 인해서 가장 심한 고통을 당했으며, 그 상흔이 국토의 분단으로 남아 있는 실정이다. 오늘의 한국 사회를 보면 민족주의로 후끈 달아오르는가 하면, 근대주의가 편집증적으로 나타나기도 한다. 장차 21세기 동아시아의 평화와 화합을 이루는 데도 이 해묵은 정신적 장애물을 어떻게 슬기롭게 제거하느냐는 문제가 하나의 관건이라고 말할 수 있다.

주

1 石介, 「中國論」, 『徂來先生文集』 권10.

2 "崇禎登天, 弘光陷虜, 唐魯纔保南隅, 而韃虜橫行中原, 是華變於夷之態也. …… 傾聞吳鄭檄各省(檄은 보충해 넣은 글자), 有恢復之擧, 其勝敗不可知焉. 若夫有爲夷變於華之態, 則縱異方域, 不亦快乎.(林春齋, 「華夷變態序」, 『鵞峰文集』 권90) 기시모토 미오(岸本美緖)·미야지마 히로시(宮嶋博史), 『조선과 중국 근세 오백년을 가다』(역사비평사, 2003), 180~181쪽.

3 『華夷變態』는 일본 東洋文庫에서 상중하 3책으로 1952~1953년에 정리, 간행되었는데, 무려 3000쪽이 넘는 분량이다.

4 朴趾源, 「貂裘記」, 『燕巖集』 권2.

5 "…… 竊惟貴國在西八萬里之地, 不曾與中國通, 其人物才(材)行之卓犖有若此者, 必亦有聖人者首出, 開(關)物成務, 以詔於後世矣. 是孰爲而孰傳之耶, …… 抑中州之外, 亦有此等人物·此等敎化·此等製作乎? …… 萬國圖以大明爲中, 便觀覽也. 如以地球論之, 國國可以爲中."〔정두원의 통역관이 로드리게스에게 보낸 서한. 야마구치 미사유키(山口正之), 『朝鮮西教史: 朝鮮 그리스도교의 文化史的 研究』, 1969〕. 야마구치의 책에 실린 것을 인용했는데, 뜻이 통하지 않는 글자를 수정하고 원글자를 괄호로 제시했음.

6 야마무로 신이치(山室信一), 「일본의 아시아주의와 아시아 학지(學知)」, 『大東文化研究』 50(성균관대학교 대동문화연구원, 2005), 62쪽.

7 "近世對外人稱, 每曰中華. 東西人頗譏彈之, 謂環球萬國, 各自居中, 且華我夷人, 不無自尊卑人之意."〔「交隣志」 小註, 『日本國志』(上海古籍出版社 影印本), 51쪽〕

8 "間嘗觀天下大局, 中華爲首善之區, 四海會同萬國來王(=往) …… 凡重譯而來者, 莫不畏威而懷德, 則是書亦大有裨於中華, 用儲之以備籌邊之一助云爾."(張斯桂, 『萬國公法序』)

9 楊念群, 「'동아시아' 란 무엇인가?」, 『대동문화연구』 50(성균관대학교 대동문화연구원, 2005).

10 "中韓兩國, 同文同種, 本係兄弟之邦, 素有悠遠的歷史關係, 輔車相依, 脣齒相依, 不可須臾分離, 正如西方之英美. 對於韓國復國運動, 中國應有援助義務, 自不待言."(『孫中山年譜長編』, 1383쪽)

3장

정약용의 경학

개혁의 이론적 근거

I

다산학의 체계

"육경六經 사서四書에 대한 연구로 수기修己를 삼고 일표이서一表二書로 천하 국가를 위하려 했으니 본말本末을 구비한 것이다."

「자찬묘지명」自撰墓誌銘 집중본集中本

다산 정약용丁若鏞(1762~1836)이 그 자신이 추구한 학문 세계, 그 결실인 저술 체계를 본말의 논리로 천명한 글이다. 본말은 체용體用과 같은 의미다. 본本=체體에 해당하는 수기修己는 주체의 도덕적 확립임에 대해서 말末=용用에 해당하는 치인治人은 주체의 정치적 실천이다. 양자를 구분하면서도 통일적으로 사고하는 논법이다. 이는 곧 유학의 기본 패러다임이기도 하다.

"육경 사서에 대한 연구"는 경학經學의 저술을 가리키는바 주체의 도덕적 확립 내지 정치적 실천의 이론적 기초를 위한 것으로 '본'에 속하며, "일표이서"는 『경세유표』經世遺表와 『목민심서』牧民心書·『흠흠신서』欽欽新書를 가리키는바 '말'에 속하는 셈이다. 후자의 "천하 국가를 위함"은 그야말로 치국평천하治國平天下의 웅대한 뜻을 실현하고자 하는 것이니, '말'이라고 해서 결코 가볍게 볼 성질이 아님은 물론이다. 유학적 본말체용의 논리는 원칙적으로 양자간에 경중이 있을 수 없고 서로 떨어져 있는 것도 아니다.

다산은 이 패러다임에 의거해서 죽을 때까지 혼신의 열성으로 학문을 수행했고, 그 결과로서 600권의 방대한 저술을 남겼다. 다시 말하면 다산학은 본체에 해당하는 경학과 그 사회 정치적 실천에 해당하는 경세학經世學(정치경제학)으로 구축되어 있다. 이것이 다산학의 체계다.

다산의 저작집인 『여유당전서』與猶堂全書에서 경집經集과 정법집政法集으로 분류된 부분이 이에 해당하는 것이다. 『여유당전서』는 시문집에서 의학집까지 전체가 7부로 구성되어 있으니, 다산의 학문 저술에서 경학과 경세학이 전부라고는 말할 수 없으나 중심을 이루고 있다고 보아도 좋을 것이다. 다른 여러 분야도 중심과 각기 관련된 의미를 지니고 있다. 따라서 다산학을 총체적으로 인식하자면 경학과 경세학, 이 양자의 체용적 관계를 분석하는 것이 요령이다.

다산의 경학은 요컨대 현실 개조를 위한 이론 작업이라 할 수 있다. 그런데 경학과 경세학 두 영역으로 펼쳐진 다산의 저술은 양적으로 워낙 방대해서 학문적으로 접근하는 일이 당초에 만만치 않을 뿐 아니라, 그 양자를 관통하는 식견을 갖추기란 참으로 감당하기 어려운

『여유당전서』 경집(신조선사본). 1930년대 정약용 서거 150주년을 기념해서 간행한 것임.

노릇이다. 나는 물론 역량이 멀리 미치지 못하지만, 그래도 서설적인 시도나마 하려고 한다. 그야말로 다산학으로 들어가는 문을 두드려 보려는 취지다.

참고

다산의 생애

- 정약용(丁若鏞, 1762~1836) | 호 다산(茶山), 당호 여유당(與猶堂).
- 1762년(영조 38, 1세) | 경기도 광주부 초부면 마현리(馬峴里: 지금의 남양주시 조안면 능내리)에서 태어남.
- 1789년(정조 13, 28세) | 문과에 급제. 이때부터 벼슬길에 올라 승지, 형조참의 등 역임.
- 1801년(순조 1, 40세) | 신유옥사에 걸려 경상도 장기(지금 포항 인근 지역)로 유배. 재심을 받고 전라도 강진으로 유배. 강진읍 동문 밖 주막집에 우거(寓居).
- 1808년(순조 8, 47세) | 다산초당으로 옮김(강진군 도암면 귤동).
- 1818년(순조 18, 57세) | 해배되어 고향으로 옴.
- 1836년(헌종 2, 75세) | 고향 집 여유당에서 생을 마침.

다산의 저술: 『여유당전서』(與猶堂全書) 〔신조선사(新朝鮮社), 1934~1938〕

▪ 제1집	시문집(詩文集)	25권	12책
▪ 제2집	경집(經集)	48권	24책
▪ 제3집	예집(禮集)	24권	12책
▪ 제4집	악집(樂集)	4권	2책
▪ 제5집	정법집(政法集)	39권	19책
▪ 제6집	지리집(地理集)	8권	4책
▪ 제7집	의학집(醫學集)	6권	3책
		총 154권	76책

※ 위의 경집뿐 아니라 예집, 악집도 경학 관계의 저술로 포괄될 수 있는 성격이다. 전체 76책에서 경학 관계의 저술은 38책으로 절반 분량이다.

※「자찬묘지명」(광중본壙中本)에서 다산은 자기 저술을 다음과 같이 정리했다.

- 시·서·예·악·역·춘추 및 사서의 제설(諸說): 230권(경학)
- 정언묘오(精言妙悟)로 옛 성인의 본뜻을 얻은 시문집: 70권(문학)
- 국가의 전장(典章)·목민·안옥(按獄)·무비(武備)·강역(疆域)에 관한 문제, 의약·문자의 분변: 200권(경세학)

이 기록상의 수치를 합하면 총 500권임.

※ 다산의 저술은 600권이라고 일컬어 왔다. 신조선사본은 신활자로 찍은 것이어서 옛날 책 체제로 보면 대략 3권이 1권으로 묶였다. 총 154권은 500권에 가깝다. 그리고 『민보의』(民堡議)·『사대고례』(事大考例) 등 다산의 저술 중에 누락된 것들이 있다. 모두 파악하면 다산의 저술은 600권이 넘을 것으로 추정된다.

2

경학과 그 시대적 의미

유교 경전이 이 땅에 들어와서 필독서로 읽히고 경전적 지위를 실제로 확보한 것은 유래가 사뭇 오래다. 그에 비해 경전을 비판적(학문적)으로 따져서 해석하게 된 것은 훨씬 후대의 일이었다. 우리 옛 학자들이 사서四書와 오경五經을 주해한 저작들을 성균관대학교 대동문화연구원에서 두루 수합해 『한국경학자료집성』韓國經學資料集成을 편찬, 영인으로 발간했는데, 총 1435종 169책이다. 그러고도 누락된 것들이 있어서 재차 수합해 그 보유편을 편찬하고 있는바, 202종 24책을 헤아린다.

한국 경학의 저술들은 시기별로 대강 훑어보면 본격적인 저술은 17세기로 들어와서 출현한 것이다. 다음 18세기로부터 경학의 저술들은 그야말로 한우충동汗牛充棟을 이루는바, 이 추세는 19세기로 이어졌다. 18, 19세기는 한국 학술사에서 '경학의 시대'라고 불러도 좋을 것이다.[1] 특히 19세기는, 결과론적인 이야기로 한국 경학사의 종점이 되고 말았으나 오히려 이때의 성과가 풍년의 추수 마당처럼 풍성했다. 이런 학문적인 정신 현상을 어떻게 설명할 것인가? 곧 18, 19세기의 경학은 어떤 시대적 의미를 갖느냐는 물음이다.

중세기에 있어서 경전은 통치체제의 이데올로기적 기반이었을 뿐 아니라, 말씀 한 구절 한 구절이 사람들에게 보편적으로 적용되는 규범이요 지침이었다. 그렇기에 경전의 해석권은 결코 자유로이 방임해 둘 사안이 아니었다. 주희朱熹의 『사서집주』四書集註와 『시집전』詩集傳, 그리고 『서집전』書集傳·『주역전의』周易傳義에 독존적 권위가 부여된 것은 이 때문이다. 종래 학자라면 응당 경전에 치력致力했으나 집주集註·집전集傳의 해석을 정확하고도 충실하게 이해하려는 데 바쳤다. 그러다가 17세기부터서 경전에 깊이 파고들어 자기대로 해석을 하려는 작업들이 나타난 것이다.

한국 경학의 방만한 저술들을 대강 훑어보면 '주자학적 경학'과 '탈주자학적 경학'으로 성격을 양분할 수 있을 듯하다. 전자는 주자朱子의 경전 해석을 준거 틀로 전제한 위에서 탐구한 것이며, 후자는 주자의 해석도 여러 경학적 성과들의 하나로 격하시켜 놓은 위에서 자유롭게 풀이한 것이다. 전자의 의미는 주자 경학의 틀에 갇혀 있다 해서 간과하기 쉽지만, 그런 속에서도 깊이 사색하고 고뇌한 내용이라면 음미해 볼 가치가 충분히 있을 것이다. 그렇지만 역시 본격적인 경학은 탈주자학적인 비판적 경학에서 출발한다고 보아야 할 것이다.

17세기에서 출발해 18, 19세기에 성황을 이룬 한국 경학은 한마디로 표현해서 위기의식의 소산이라고 할 수 있다. 대륙에서 만청滿淸이 중국의 주인이 된 사태는 일차적 충격파였다. 명청明淸이 각축하는 과정에서 조선은 두 차례나 침공을 당하는 국난을 겪었거니와, 화이華夷의 전도 현상은 가치관의 전도로 이어져서 지식인들은 문명적 위기를 체감하게 된다. 그것이 반성적 사고로 비판적 학풍을 열어 가도록 한 계기였다.

그러했지만, 만청의 중국 지배가 이내 안정적으로 돌아서면서 동아시아 세계는 200년 가까이 표면적으로는 평온을 유지해 비교적 번영을 누린다. 조선 또한 시장경제가 전에 없이 발흥하고 사회·문화적으로도 자못 활력을 보였다. 그런 한편 신분 질서가 흔들리면서 민중 동향이 심상치 않았다. 이와 같은 제반 변화 양상은 대체로 기존의 체제로 수습하고 용납하기 쉽지 않은 성격이었다. 다시 말하면 체제 위기의 상황이 도래한 것이다. 19세기에 날로 치열하게 전개된 민란-농민 항쟁은 체제 위기의 단적인 표출이었던 셈이다. 체제 위기는 근본적인 개혁이 긴급히 요구되는 상황이기도 하다.

방금 당시 동아시아 세계가 평온하게 보였던 것은 '피상적'이었다고 말했다. 서세동점이라는 세계사적 조류를 고려하면, 그때는 결코 평온한 세상이 아니었기 때문이다. 태풍의 전야처럼, 위기는 바다에서 접근하는 판이었다. 다만 한반도상에서는 미처 감지되지 않았을 따름이다.

서학西學*이 한자·유교 문화권의 중심부인 중국에 유입流入된 것은 이미 16세기 말엽부터다. 그것이 한반도상에도 이내 파급되었으나 문제시되기는 18세기 말엽에 이르러서다. 안정복安鼎福(1712~1791)은 그 사이의 정황을 대략 이렇게 전하고 있다.

> 서양 서적은 선조 말년에 동녘 땅으로 들어온 이래 명경名卿 석유碩儒라면 누구나 읽어 보았지만 제자서諸子書나 도교·불교 같이 여겨서 서재에 완상물로 놓아두었으며, 취하는 바는 단지 상위象緯(천문·역학)·구고句股(기하학)의 학술뿐이었다. …… 계묘癸卯 갑진甲辰 연간(1783~1784)에 재주 있는 젊은이들이 천학설天學說을 창도한 것이다.
>
> 「천학고」天學考, 『순암집』順菴集 권17

당시 정부 당국이나 지식인들이 천주교라는 종교 사상에 대해 이질적인 것으로 간주하면서도 방관하고 있었던 데는, 그것의 배경이나 작용에 아무런 지식이 없어서기도 했겠지만 현상적으로 아직 문제가 발생하지 않았던 때문이다. 그런데 안정복이 연도까지 명기했듯이 한반도상에서 이제 천주교는 종교 신앙으로 운동을 시작한 것이다. 1783~1784년(정조 7, 8)은 이승훈이 베이징에서 천주교의 세례를 받고 돌아온 시점이다.

---

* 서학은 서양의 선교사들이 전파한 학문 지식 일체를 가리키는 말. 17세기 이래 통용된 서학이란 개념은 서양 학문, 즉 서양에서 전래된 천문·역학·수학·지도뿐 아니라 서교(천주학)까지 포괄하고 있었다. 당시 서양의 종교와 학술이 용어상으로 분리되지 않았기 때문에 종교 탄압이 학술에 곧바로 영향을 미치기도 했다.

이에 왕조 당국은 서학을 사학邪學으로 규정하고 국헌으로 '금지'한 바, 이를 관철시키기 위해 폭력적인 탄압 조처를 계속 취해 나갔다. 그래서 금지가 되었던가?

소위 신유사옥辛酉邪獄에서 정치적 희생물이 된 이가환李家煥(1742~1801)은 폭압적 대응 방식을 두고 "이 일은 몽둥이로 재〔灰〕를 두드리는 식이니 두드리면 두드릴수록 더욱더 일어날 것이다"라고 말했다고 한다.[2] 과연 이 말은 적중했다. 천주교는 위에서 두드릴수록 밑에서 날로 더욱 번창해서 정부는 두드리는 강도를 계속 높여 나갔다. 1801년의 신유사옥으로부터 1839년의 기해사옥己亥邪獄으로, 다시 1866년의 대박해로 이어져서 드디어 병인양요를 불러들였다. 결국 이가환의 예언 그대로 되어 간 꼴이다.

연암 박지원朴趾源(1737~1805)은 일찍이 일반 사람들의 천주교 신앙에 대해 탄압으로 일관하는 것을 두고 " '내가 좋아하는바 선善이요, 내가 신앙하는바 천天이다. 어찌 선을 가로막고 천의 신앙을 금지하는가?'라고 대들면 어찌할 것이냐"고 말한 바 있다.[3] 박지원의 이 발언은 성리학적 정신 전통에 대한 불안감과 함께 폭력적 대응 방식의 한계를 지적한 셈이다.

한편 나름의 사상적 대응으로 '벽위'闢衛의 논리를 폈는데, 이 논리를 가지고는 실제 효과를 기대하기 어려웠다. 요컨대 사상적 반성과 사유의 전환이 심각하게 요망되는 대목이다. 그것은 한자·유교 문화권의 사상 전통을 포기하지 않는 한 경학의 고유한 과제라고 할 것이었다.

앞서 거론한 체제의 내적 위기가 요청한 발본적인 개혁의 과제 역시 응당 경학에서 근거를 찾아야 했다. 참으로 경세에 뜻을 둔 학자라면 스스로 나서서 경전을 파고들어 해석을 가하고 논리를 창출해야만 했다. 그 시대가 요청하는바 경학이었다. 18, 19세기가 '경학의 시대'로 기록되기에 이른 요인은 대략 이와 같이 설명할 수 있다.

실학의 상고주의

그런데 경학에 기초한 현실 대응의 방식은 다분히 복고적으로 비친다. 눈앞의 현실 문제를 옛날로 돌아가서 해법을 찾는다니, 비현실이지 않느냐?

이 물음에 대해서 먼저 유의할 점은 역사상에 흔히 있었던 '복고'(르네상스)란 문자 그대로 옛을 재현하자는 것이 아닌 경우가 많았다는 사실이다.

왜 복고적인 태도를 취했을까? 개혁을 주장하면 예나 지금이나 저항에 부딪치기 쉽고 혹독한 공격에 걸려들기도 한다. 비난·공격의 칼날을 방어하기 위해 성현의 권위를 빌리는, 방패막이로서의 의미가 있었을 듯싶다. 실학자들의 실천적 개혁과 학문적 경학과의 상관관계는 이런 측면에서 생각해 볼 여지가 충분히 있다. 그렇다면 경학이란 일종의 방패막이에 불과한 것인가? 탁고개제托古改制의 성격을 갖는 것으로 말할 수 있다. 나는 이렇게 생각하질 않는다. 실학자들의 경학과 경세론의 관계를 전략적인 방편으로 보지 않는다는 뜻이다.

실학자들은 경전을 한낱 수단으로 끌어들인 것이 아니고, 거기에는 실로 고뇌에 찬 진정성이 깃들어 있다. 그런 의미에서 실학자들의 개혁론은 기본 성격이 상고주의尙古主義다.

3

다산 경학의 방법론

정약용의 「오학론」五學論이란 제목의 글은 그 당시 세상에 유행한 다섯 종류의 학술을 하나하나 들어서 비판을 가한 내용이다. ① 성리학性理學, ② 훈고학訓詁學, ③ 문장학文章學, ④ 과거학科擧學, ⑤ 술수학術數學, 이렇게 다섯 가지다.

술수학이란 점술이나 풍수설 따위의 잡술을 가리키며, 과거학은 과거 시험을 대비해 출세를 목적으로 하는 공부고, 문장학이란 문학같이 글쓰기를 위주로 하는 것이다.

이 다섯 가지는 각기 성격이며 존재 양상이 서로 판이하지만, 당세에 통행해 나름으로 영향력을 발휘하는 점에서는 마찬가지였다. 조선조 사회에서 학술이라면 이 다섯 가지가 전부라고 말해도 과언이 아니다. 조선만 아니고 중국도 역시 대략 비슷한 상황이었다. 물론 이 오학은 상호 이질적인 만큼 각기 차이를 보였다. 하지만 결말에 가서는 하나였다. 각 편 모두 한결같이 "손을 잡고 함께 요순堯舜의 문으로 들어갈 수 없는 것이다"라는 말로 끝난다. 전체를 끝맺는 데서 「오학론」의 총결처럼 붙인 구절이 있다. "오학이 번창하면 주공周公·공자의 도는 묵어서 황폐해질 것이다. 장차 어느 누가 바로잡으랴!" 사뭇 비장한 어조다.

이 「오학론」은 현행의 학술 전반을 부정하고 발본적인 문제 제기를 한 것이다. 새로운 학문의 길을 개척하겠다는 강렬한 의지를 엿볼 수 있다. 의도하는바 제대로 된 학문은 기존의 여러 학술 가운데 병렬적으로 끼어드는 식이 아니고 전면적 부정, 근본적인 개혁이 전제되어 있는 것이다. 다른 무엇이 아닌, 정약용 자신이 필생의 작업으로 체계화한 학문이었던바 후세에 '실학'으로 이름 붙여진 그것이다. 「오학론」의 궁극적인 논지는 '요순의 문'으로 함께 손잡고 들어가고, '주공·공자의 도'를 현세에 부활시켜야 한다는 것이었다. '경전적 고대'를 회복해야 할 원형으로 사고하는 상고주의의 성격이 선명하다.

현실에 대한 불만, 체제 개혁의 의지가 강렬하고 근본적일수록 도리어 '고대로 돌아가자'고 부르짖는 경향이 있다. 인류 역사상에서 그런 사례를 찾아보기는 어렵지 않다. 이 또한 그렇다. 다만 목적지를 '요순의 문', '주공·공자의 도'로 설정한 데 이 경우의 특수성이 있다고 하겠다.

실학은 발본적 문제 제기이긴 하지만 유학의 테두리에서 벗어나지 않은, 오히려 진정한 '유학의 도'를 구현하려는 것이었다고 말할 수 있다.

그런데 「오학론」에서 맨 먼저 거론한 것은 성리학이고, 두 번째로 거론한 것은 훈고학이었다. 우리가 알고 있다시피 성리학은 정통 유학이요, 옛날 성왕聖王의 정치를 이상적인 목적지로 삼고 있는 것이다. 훈고학이란 기실 유가 경전의 정밀한 해독을 위한 방법론이다. 이런 양자를 비판 선상에다 올린 사실을 어떻게 설명할 것인가?

정약용은 성리학에 대해서 비판의 강도가 높은 편이었다. 성리학을 극복의 대상으로 인식했기 때문이다. 실학과 성리학의 관계는 실학담론에서 쟁점 사안의 하나다. 양자가 유학이라는 공분모 속에서 여러모로 공통점을 지니고 있는 것임은 말할 나위 없다. 뿐 아니라, 성리학의 축적 위에서 실학이 싹텄으므로 실학은 성리학의 계승자라고 할 수 있다. 하지만 성리학의 연장 선상에 실학이 놓인 것은 아니며, 부정적 계승으로 보아야 할 것이다. 성리학은 이제 '공허한 학문'으로 추락했다는 비판적 인식으로부터 '역사적 의미의 실학'이 출발했다고 말할 수 있다. 요컨대 실학 역시 유학이다. 성리학을 '고전 유학'에 대한 '개신 유학'이라고 부른다면, 다산이 추구한 실학은 훨씬 발본적인, 말하자면 '혁신 유학'인 셈이다.

훈고학에 대한 다산의 비판은 성리학과는 각도가 다른 것 같다. 훈고학이란 경학의 방법론으로서 당시 청조淸朝에서 박학樸學으로 일컬어 크게 유행한 학문 경향이었는데, 우리나라에도 앞서 나간 학자들 사이에 영향이 강하게 미치는 추세였다. 다산의 경우 경전 연구를 자기 학문의 기본으로 삼았음에도 훈고학적 방법론에 역점을 두어 비판을 가한 것이다. 이 비판은 아마도 중국 학계를 겨냥한 것인 듯한데, 거부라기보다는 비판적 수용에 가까웠다. 다산은 "경전의 자의字義를 해명해서 성현의 '도와 가르침'道教의 뜻에 도달하는 수단"이라는 점에서 훈고학을 인정한다. 하지만 훈고학의 한계에 유의하는 입장이다. 청대의 훈고학은 성리학=송학을 부정하는 방향에서 훈고학=한학漢學으로 경도되고 있었다. 다산은 훈고학에 대해 이렇게 비판한다.

> "그런데 (한학에서) 그 전수받은 바의 훈고가 모두 꼭 원전의 본지라고 믿을 수도 없거니와, 비록 그 본지를 얻었다 하더라도 자의를 밝히고 구절句節을 바로잡는 데 불과하다. 선왕先王·선성先聖의 '도와 가르침'의 근원에 미쳐서는 심오한 속을 파고들어 밝혔다고 말할 수 없는 것이다.
>
> 「오학론」五學論 2

경학의 목적지는 옛날 성현들이 열어 놓은 그 길〔道〕과 그 가르침〔教〕에 도달하는 데 있다. 훈고적인 자구字句의 천착으로는 그 진정한 경지에 도달하기 어렵다는 회의였다. 다산의 고민은 여기에 있었고, 훈고학 비판의 초점도 여기에 있었다. 이 점에 있어서 다산은 추사 김정희金正喜(1786~1856)와 첨예하게 대립했다.

김정희는 다산보다 24세 연하다. 이 선배와 후배는 당대 최고의 지성으로 당파를 넘어서, 나이 차를 넘어서 친교하며 학술 토론을 벌인 것이다. 추사가 다산에게 올린 편지 한 통이 『완당전집』阮堂全集에 수록되어 있다. 후학이 선배에게 묻는 식이 아니라, 그 반대로 다산이 먼저 물어서 추사가 답변한 내용이다. 다산은 실로 불치하문不恥下問의 자세를 몸소 보였거니와, 추사는 선배에 대해 일단 예의를 갖추면서도 자기주장을 펴고 상대를 비판하는 데 신랄했다. 추사의 논쟁적 필치는 연륜의 무게나 학문적 권위 앞에서 조금도 주저할 줄을 몰랐다.

추사가 다산에게 제기한 쟁점 사안은 두 가지였다. 하나는 예설禮說로서 상복喪服 제도에 관한 것이고, 또 하나는 고제古制에 관한 문제로 육향六鄕을 어디에 두었느냐는 것이다. 이 두 가지 쟁점 사안은 요컨대 한학漢學을 어떻게 평가할 것이냐로 귀결되고 있었다. 추사는 표방하기는 한송漢宋 절충折衷이었지만, 실은 한학 위주였다. 그의 널리 알려진 「실사구시설」實事求是說에 담긴 논지가 바로 그것이다. 한학에서 논의의 대상이 되었던 것은 동한東漢의 경학 대가 정현鄭玄(127~200)이었다. 추사는 정현의 경설을 보면 오늘날 사람의 안목으로는 의심 가는 부분이 있을 수 있다, 그렇다고 해서 부인하고 새로운 설을 세우려 드는 태도는 옳지 않다. 왜냐하면 정현의 설은 모두 혹은 사설師說로 혹은 가법家法으로 전수받은 곳이 있기 때문에 아무쪼록 준수해야 한다는 주장이었다.

"또한 후세에 태어난 사람으로서 어떻게 공중에 매달고 부연 추측을 해서 마치 자신이 그 자리에 있었던 것처럼, 그 일을 목도했던 것처럼 착착 말을 한단 말입니까? 설령 어쩌다가 고인과 합치하는 곳이 있다 하더라도 자기 견해를 마음대로 세우고 자기 설을 만들어 내는 것은 경전에 당해서는 감히 해서는 안 되는 법입니다. 단지 갈등만 일으키고 후인의 눈을 어지럽게 만들 따름이요, 경전에 아무런 보탬도 되지 못합니다."

「여정다산 약용」與丁茶山 若鏞, 『완당전집』 권4

이처럼 추사의 논조는 단호하고 공격적이었다. 물론 다산의 경전 해석 방법을 겨냥한 비판이다. 이에 대해 다산은 어떤 논리로 방어를 했을까? 답변한 글이 따로 전하지 않기 때문에 구체적으로 확인할 길은 묘연하지만, 그의 평소 지론으로 미루어 충분히 유추해 볼 수 있다. 실은 방금 거론한 「오학론」의 훈고학 비판 속에 추사의 공격에 대한 답이 이미 들어 있는 셈이다.

요컨대 '주공·공자의 도'로 돌아가려는 취지는 현실을 근본적으로 개조하자는 주의 주장이며, 그렇기에 경학을 학문의 본체로 삼았던 터였다. 다산의 입장에서 경학은 이 근본 목적을 떠나서는 성립할 수 없는 것이다. 경세치용經世致用의 경학, 이것이 곧 다산 경학이었다.

4

다산의 개혁 이론, 그 경학적 근거와 논리

다산학의 체계에서 정치 사회적 실천의 논리를 담은 것은 『경세유표』와 『목민심서』·『흠흠신서』 삼부작이다. 이 정법 3서는 경세치용의 방법론에 해당하는 것이다. 앞에서 논한 다산 경학은 이를 위한 기초, 이론 작업이었던 셈이다.

정법 3서는 경학과 상호 어떤 관계를 맺을까? 이 문제를 먼저 짚어본 다음, '다산 개혁론의 경학적 근거'라는 본론으로 들어간다. 세 가지 논점을 잡아서 살펴보는데, 첫 주제는 다산 정치사상의 기본에 대해서이며, 두 번째로 『경세유표』의 주제를 논하고, 세 번째로 『목민심서』에서 구체적인 안건 하나를 잡아서 검토할 것이다.

(1) 『경세유표』와 『목민심서』·『흠흠신서』의 상호 관계

알려진 대로 『목민심서』는 지방 행정 단위의 차원에서 지켜야 되고 알아야 하는 제반 사안을 기술한 내용이며, 『흠흠신서』는 특화시켜서 인명이 달린 형사 재판에 관한 문제를 다룬 내용이다. 반면에 『경세유표』는 문제의 차원을 크게 달리해서 국가 제도와 국정 운영 전반의 개편을 구상한 내용이다. 『경세유표』는 '신아구방'新我舊邦을 표방한바 국가 재조의 마스터플랜인 셈이다. 『경세유표』야말로 다산의 학문 세계, 저술 체계의 정점에 서 있다고 말해도 좋을 것이다.

『경세유표』의 경우 경전적 근거를 특히 『주례』周禮에 둔 것이었다. 다산은 『주례』를 주공周公이 주나라를 건설하면서 제정한 것으로 확신하고 있었다. 『주례』의 제도를 이상적 모델로 삼아 국가 제도를 설계했으니, 『경세유표』는 실로 『주례』의 해석학이다. 그것은 훈고적 해석과는 아주 다른, 『주례』의 창조적 해석이었다. 저 옛날의 요순에서 문무文武·주공으로 이어진 '일왕一王의 법제'*를 현재적으로 부활하려는 기획이었다고 말해도 좋을지 싶다. 이처럼 다산의 '신아구방'의 대프로젝트는 상고주의적 성격이 뚜렷한데, 그런 만큼 개혁주의적 지향이 뚜렷했다고 말할 수 있다.

『경세유표』는 다산 자신이 확고하게 당장 실행해야 하는 계획으로

---

* 최고 통치자인 왕은 응당 정통성과 유일의 권위를 지녀야 한다는 뜻에서 일왕(一王)이라고 했다.

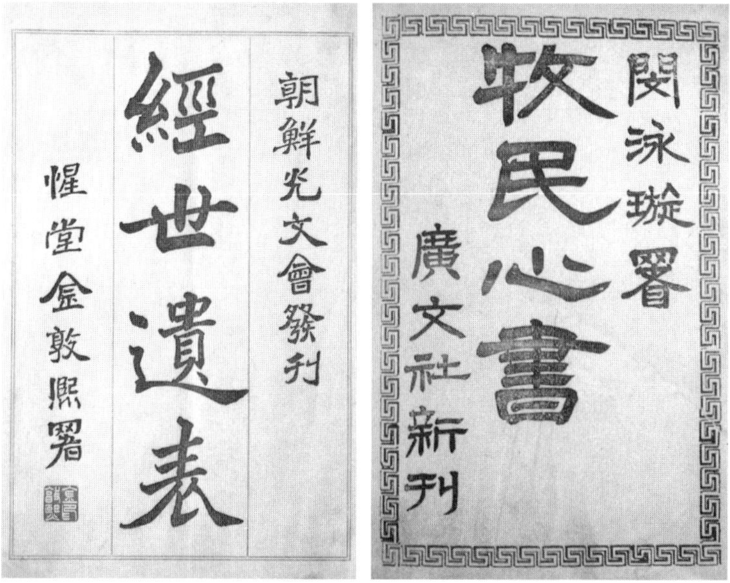

『경세유표』의 속표지(조선광문회 발간, 1914년)(왼쪽)
『목민심서』의 속표지〔광문사 간행, 광무 5년(1901)〕(오른쪽)

설계했지만, 한편으로 당장에 착수할 상황이 아니라는 사실에도 눈을 감지 않았다. 이에 다산은 『목민심서』를 저술하게 된다.

> "'일왕의 법제'는 모름지기 보민保民을 한 다음에라야 시행할 수 있다. 인민을 보호하지 못하면 아무리 요순의 법이라도 실시할 곳이 없을 것이다. 곧 『목민심서』를 지은 까닭이다."

이중하李重夏, 「서목민심서후」書牧民心書後

『흠흠신서』. 광무개혁 시기에 『목민심서』와 함께 간행되었음.

타자가 『목민심서』를 『경세유표』와 관련해서 논한 글이긴 하지만, 저자의 진의를 정확하게 짚은 것으로 생각된다. 다산 자신이 『목민심서』를 "지금의 법제를 그대로 추종해서 우리 백성을 보호하려는 것이다"고 한마디로 규정한 바 있다. 『경세유표』가 국가 정책으로 채택, 실현될 전망이 막연한 상황에서 바야흐로 병들어 죽어 가는 백성들을 긴급히 구호한다는 취지로 엮은 책이 『목민심서』다. 『경세유표』에서 구상한 체제 개편은 일단 유보한다는 것이 전제되어 있었다. 때문에 『목민심서』는 대증요법對症療法의 의미를 갖는 것으로 간주했던 터다. 그런데 중환자에게 응급조치로 대증요법을 쓰는 경우라도 환자를 소생시키기 위한 과정일 때 의미를 갖지 않겠는가. 『목민심서』 또한 지금은 비록 불가피하게 개혁을 유보한 채 오늘의 법을 그대로 따르지만, 『경세유표』의 개혁안을 실시하기 위한 준비 단계로 상정했던 셈이다.

『경세유표』와 『목민심서』를 관류하는 저술의식은 초점이 민의 문제에 있었다. 이 저술의식은 『흠흠신서』에도 통하고 있다. 언뜻 보면 『흠흠신서』는 특수한 문제를 다룬데다 인간의 생명이라는 보편적 차원이어서 다르게 느껴지기도 한다. 다시 생각해 보면 사법 재판에 관련된 일련의 사안 자체가 당시 제도에서는 목민관의 임무에 속했다. 다만, 워낙 전문성을 요하는 때문에 별도의 저술로 특화시켰을 따름이다. 『목민심서』「형전」刑典의 '단옥조斷獄條' 도입부에 "인명에 관계되는 사항은 『흠흠신서』에서 다루었으므로 여기서는 논하지 않는다"는 언급이 있기도 하다. 『흠흠신서』 또한 『목민심서』와 함께 지방관을 위한 정서류政書類에 속하는 것이다. 이것을 특화시킨 데서 그 저자의 인명을 중시하는 사상이 여실히 드러난다고 하겠다.

요컨대 『목민심서』와 함께 『경세유표』 및 『흠흠신서』를 하나의 전체로 이해하는 관건은 '민의 사상'에 있다. 하긴 정치란 처음도 끝도 인민을 떠나서는 성립할 수 없는 것이지 않은가.

(2) 민주적 사상: 하이상(下而上)의 정치학

다산의 정론적 성격의 산문—「탕론」湯論과 「원목」原牧은 그의 인민에 대한 진보적 시각의 정치사상을 집약한 내용이다. 토지 제도를 논한 「전론」田論과 함께 그야말로 문제작이다.

「탕론」의 요지

"탕湯이 걸桀을 쫓아낸 것은 옳은 일인가? 신하로서 임금을 쳤는데도 옳은 일인가?"

이것이 「탕론」의 문제 제기다. 탕은 하夏나라 걸왕을 축출하고 자신이 천자天子의 자리에 올라 상商(은나라)이란 국가를 세운 사람이다. 그 방식이 폭력에 의한 교체였다. 동양 전래의 개념으로 '방벌'放伐인데, 여기에 대해서 평화적 정권 교체는 '선양'禪讓이라고 일컬었다. 요堯·순舜은 선양의 전형으로, 탕湯·무武는 방벌의 전형으로 여겨 왔다. 그런데 방벌은 신하로서 임금을, 더구나 폭력적인 방법으로 갈아 치운 꼴이다. 이 행위는 과연 정당한가? 무력에 의한 정권 교체-혁명이 정당하냐는 물음이다. 이 질문을 탕의 경우를 들어서 던진 것이다.

이 질문에 대한 다산의 답변은 간단명료하다. "옛 도道요, 탕이 처음 한 일이 아니다"는 것이었다. 여기서 다산은 최고의 통치자-천자에 대해 근원적인 물음을 던진다. "무릇 천자란 어떻게 해서 존재하는 것인가?" 이 물음에 대한 해명이 실은 「탕론」의 본론이다. "하늘이 천자를 내려서 그를 세운 것인가? 아니면 땅에서 솟아나 천자로 된 것인가?" 이런 천명사상 같은 것을 다산은 일소에 붙여 버린다. 그리고 '왕권천수설'에 대체해서 '아래서 위로'下而上의 선거제적인 방식을 거론하고 있다.

「원목」의 요지

「원목」의 문제 제기는 "'목'牧(통치자)은 민民을 위해 존재하는가? 민이 '목'을 위해 사는가?"이다. '목→민'의 사이는 '수탈자→피수탈자'로 관계 지어져 있는 것이 당연시된 현실이었기에 문제를 제기한 것이다. 이 물음에 답은 "아니오"다. "'목'은 민을 위해 존재하는 것이다"牧爲民有也라고 단안을 내린다. 그리고 본론으로 들어가 "'목'은 왜 출현했느냐?"는 문제로부터 따져 들어간다. 인간 역사의 자기 발전의 일정한 단계에서 '목'이 출현하고, 아울러 법이 성립되었다는 생각이다. "이정里正은 민의 소망을 좇아서 법을 제정해 당정黨正에게 올리고, 당정은 민의 소망을 좇아서 법을 제정해 주장州長에게 올리고, 주장은 국군國君에게, 국군은 황왕皇王에게 올린다"는, 법 제정에서도 '하이상'의 방식을 사고하고 있다.

「원목」은 결론으로 가는 대목에서 "오늘의 수령은 옛날로 치면 제후다"라고 고대적 제도를 당대 제도와 연관 지은 다음, 이렇게 말하고 있다. "한 사람이 다툼이 있어 찾아와 판결을 요청하면 귀찮아 하며 '어찌해서 이처럼 시끄럽게 구느냐?' 하고, 또 한 사람이 굶어 죽는 것을 보고는 '재가 죽는데 나와 무슨 상관이 있느냐?' 한다. 그리고 곡물과 옷감을 내어 받들지 않으면 몽둥이질·방망이질로 피를 보고서야 그만둔다." 이는 당시 목전目前의 수령들의 행태다. 전제군주제하에서 인민은 오직 통치자를 위해 존재하는 모순을 근본적으로 해결하려면 궁극에 '목이 민을 위해 존재'하는 사회로 되어야 한다는 생각이다.

천하에 대한 공(公) 개념

'하이상'의 방식은 민을 정치의 주체로 사고하는 논리가 전제된 것으로 여겨진다. '하이상'의 민주 사상은 물론 유교적 인정仁政과 민본民本의 논리와 무관하다고 볼 수 없으나 차원이 달라진 것이라는 느낌을 주기도 한다.

다산 자신은 '하이상' 정치는 인류 역사상 고대에 실재했던 제도인데, 당대 사회의 모순, 현행 정치의 문제점을 해결하기 위해서는 언젠가 반드시 복구하고 재현해야 할 이상이었다. 그는 고대사를 과연 어떻게 인식했기에, 이와 같은 결론을 끄집어낼 수 있었을까? 인민 주체 정치사상의 이론적 근거에 대한 물음이다. 그런데 위의 의문에 해답을 줄 만한 고대사 분야의 저서를 다산은 따로 남겨 놓지 않았다. 다만 여러 경전經典을 해석하는 가운데 그 특유의 고대 사관이 용해되어 있는 것 같다. 특히 주목되는 사항으로 하나는 '관천하'官天下 사상이며, 다른 하나는 '방벌'—혁명의 정당성에 대한 주장이다.

> 선양으로 주고받는 방식은 '관천하'요 자손 대대로 전하는 방식은 '가천하'家天下니, 그 예법이 자연히 서로 같지 않을밖에 없는 것이다.
>
> 『상서고훈』尙書古訓 권2 장13

'가천하'란 군왕이 그의 통치 영역—국토·인민을 사적 소유물로 여기는 세상이다. 그렇기에 나라를 자기의 아들·손자로 대물리는 일이 당연시된다. 이에 견주어 '관천하'는 천하를 '공公 개념'으로 본다는 의미다(官=公). 예전의 군주 전제 시대는 '가천하'였으며, '관천하'는 고대적인 이상 사회로 여겨지는 것이다. 다산은 이 '관천하' 시대엔

후계자를 결정함에 있어서 "중점은 도에 있고 공적에 있고 덕에 있지 혈맥血脈에 있지 않았다"고 주장한다. 어진 사람을 통치자로 선택하는 '공선'公選의 원칙이 지켜졌다는 생각이다.*

'관천하'의 사회상은 곧 대동大同 시대다. 대동 시대가 인류의 역사적 경험이었다면, 아마도 원시 공산 사회의 모습일 것이다. 그것이 어쩌다가 『예기』禮記의 「예운편」禮運篇에 어렴풋이 흔적을 남겼을 뿐, 장구하게 지속된 전제군주제하 인간들의 뇌리에서는 아득히 지워진 사회상이다.

혁명의 정당성 논리

위의 '선양' 다음 단계의 역사에서 '방벌'이 등장했다. 정권 교체의 방법으로서 폭력적인 '방벌'이 정당한 행위였느냐는 문제를 다산은 「탕론」에서 정면으로 거론했거니와, 이 문제 제기의 배경에는 참으로 깊고 오랜, 그리고 말하기 어려운 까닭이 있었다. '선양'의 방법은 지금 권력을 휘두르는 군주들의 입장에서는 위해시危害視할 요소를 내포하지 않은 그야말로 요순 시대 일이다. 그러나 '방벌'은 전혀 다르다. 전제 군주의 눈에 이 '방벌'은 폭력 혁명을 사주하는 불온사상 바로 그것이니, 폭발의 위험성이 항시 잠재된 뇌관처럼 비쳐질밖에 없었

* "대개 오제(五帝)의 시대에는 관천하(官天下)였다. 전(顓)·고(嚳)·요(堯)·순(舜)은 비록 모두 황제(黃帝)의 후손이나, (이들이 제위에 오른 건) 도에 있었고 공에 있었고 덕에 있었지 혈맥(血脈)에 있었던 것이 아니다."(『상서고훈』 권2 장25)

다. 중국 서한西漢의 어떤 황제는 말하기를 "고기를 먹는데 말 간肝을 먹지 않는다고 해서 맛을 모른다 않을 것이요, 학문을 논하는 자 탕湯·무武의 일을 들먹이지 않는다고 해서 어리석다 하겠는가"라고 했다.[4] 그 시절엔 말의 간은 사람이 먹으면 죽는 독약처럼 오인되었다 한다. '방벌'을 실천한 탕·무의 일은 실로 독약이었다. 때문에 중세기 사람들은 '방벌'에 대해서는 보통 쉬쉬하고 입에 올리기를 꺼려 했으며, 권위 있는 학자들은 항용 탕·무를 격하시키는 방향으로 논설을 펴기도 했다. 「탕론」에서 그토록 탕·무의 방벌을 변호한 까닭은 바로 여기에 있다.

혁명의 정당성을 옹호한 논리

공자는 순舜의 음악에 대해 이르기를 "진미하고도 진선하다"盡美矣 又盡善也하시고, 무왕의 음악에 대해 이르기를 "진미하나 진선하진 못하다"盡美矣未盡善也고 하시었다.

「팔일」八佾, 『논어』論語

왜 순의 음악은 '진미진선'한 것으로 완전 긍정을 한 반면 무왕의 음악은 부분 긍정을 했을까? 무엇 때문에 공자는 무왕을 순에 비해 차등을 두었을까? 문제의 초점은 '진선하지 못하다'未盡善는 데 있다. 당나라 학자 공안국孔安國은 "순은 성덕으로 선양을 받았던 까닭에 '진선'이요, 무왕은 정벌해서 천하를 취한 까닭에 '미진선'이다"라고 풀이했다.[5] 이 해석이 통설이다. 주희의 『논어집주』論語集註는 "정자程子

(程頤)가 말씀하기를 성탕成湯(탕왕)이 걸桀을 쫓아내고 나서 오직 부끄러운 덕〔慙德〕이 있었다고 했거니와, 무왕 역시 그러했다. 그러므로 '미진선'이다. 요·순·탕·무는 그 규모가 하나인데, (탕·무가) 방벌을 했던 것은 하고 싶어 한 일이 아니고 처한 시점이 그러했기 때문이다"라고 무왕을 위해 구차한 변명을 했다. 종래 우리나라에서는 주자가 정자의 말씀을 옳다고 여겨 인용했던 만큼 누구나 이 견해의 절대적 권위를 믿어 의심치 않았던 것이다.

그러나 이러한 해석에는 의혹이 일어나지 않을 수 없다. 요·순·우·탕·문·무는 예로부터 성인으로 존숭을 받아 왔다. 이분들을 조술祖述하는 것이 공자의 일평생의 뜻이었고,* 또 앞의 성인과 뒤의 성인이 태어난 공간과 살았던 시대는 달랐으되 꼭 하나로 부합符合된다는 것이 맹자孟子의 관점이었다.** 그런데 위의 해석을 따르면 무왕은 강상綱常의 윤리와 관련해서 하자가 있는 것으로 된다. "처한 시점이 그러했기 때문이다"라는 정자의 정상참작론이 과연 무왕을 성인으로 인정하는 데 통할 수 있을까? 도덕적으로 결정적인 결격 사유가 있는 인물, 그 사유가 강상의 윤리와 관련이 있는데, 제아무리 상황이 부득이

---

* "중니(仲尼: 공자)는 요와 순을 조술(祖述)하고 문왕과 무왕을 본받아 빛냈다(憲章)."(『中庸』)

** "맹자가 이르기를 순임금은 풍(馮)에서 출생했고 …… 문왕은 기주(岐周)에서 출생했다. …… 뜻을 얻어 중국에서 실천함에 부절(符節: 두 쪽이 꼭 맞는 것을 가리키는 말. 兵符.)이 맞는 것 같았으니, 앞의 성인과 뒤의 성인은 그 규모가 하나였다〔先聖後聖, 其揆一也〕."(「離婁」下, 『孟子』)

했다 치더라도 그를 성인으로 일컬을 수 있을까? 이 해석에는 모순점이 있다고 보지 않을 수 없다.

'미진선'의 선을 도덕적인 선으로 풀이한 데는 크게 문제가 있다고 보는 것이 다산의 견해다. 다산은 이때 '선'은 선악의 '선'이 아닌, '선세선속'善世善俗의 '선'으로 풀이한다. 여기서 '선'은 '수선하다'〔繕=善〕의 뜻이다. 즉 무왕은 즉위 당시 제반 여건이 순과 달라서 정치적 안정과 문화적 부흥을 미처 충분히 이룩해 내지 못했다 한다. (이 과업은 무왕을 이어 다음 주공으로 와서 완성되었다는 것이다.) 그래서 공자는 무왕의 음악이 "진미하나 진선하진 못하다"고 말했다는 것이다. 무왕의 음악이 미학적으로는 아름다우나 세상을 개선하는 효용론적 차원에서는 부족함이 있었다는 뜻이다. 따라서 무왕이 '방벌'을 결행한 사실과 공자의 '미진선'이란 평가는 관련이 없다.

이 대목에 대해서는 중국의 청대 개명적 학자들 사이에서도 공안국과 『사서집주』의 해석에 반대하는 견해가 제기된 바 있다. 고염무顧炎武(1613~1682)의 학설은 다산이 직접 인용하고 '정확'精確이란 표현을 써서 찬동했으며,[6] 한편 다산과 동시대 초순焦循(1763~1820)의 학설을 들 수 있다.[7] 모두 문제 인식이 상통하는 것으로 여겨진다. 음악을 논평하는 문맥에 '선양'과 '방벌'이란 정치적 행위를 끌어들인 해석을 논리적 오류로 보는 것이 공통된 견해다.

여기서 문제는 '방벌'을 결부시켜 무왕을 도덕적으로 격하시키려는 데 있고, 좀 더 근본적인 문제는 '방벌'을 정당하지 못한 행위로 간주하는 데 있다. 그런데 '방벌'의 역사적 정당성을 자못 의심케 하는 기록들이 고대의 경전 및 사서史書들 속에 엄연히 실려 있는 사실이다. 그 가장 현저한 사례를 들자면, 하나는 탕이 '방벌'을 결행한 뒤 스스로 참회를 했다는 것이다. 앞에서 인용된 "성탕이 걸을 쫓아내고 나서 오직 부끄러운 덕이 있었다"는 말이 그것인데, 이는 『서경』의 「중훼지고」中虺之誥에 실린 것이다. 다른 하나는 무왕에 관련된 기록들이다. 무왕이 거사할 적에 백이伯夷가 말고삐를 붙잡고 신하로서 임금을 치는 행동이 옳은 일이냐고 간했다는 이야기가 『사기』史記의 「백이열전」伯夷列傳에 보인다. 무왕이 충직한 간언을 받아들이지 않았기 때문에 백이는 마침내 수양산首陽山에 들어가 고사리를 캐먹고 살았다 한다. 우리 옛 시조에서 "주려 죽을진들 채미採薇도 하는 것가?"는 이를 두고 읊은 것이다. 또 무왕이 주紂(주왕)를 제거하는 과정에서 잔인하고 비인도적인 행동을 저지른 것으로 「주본기」周本紀에 묘사되어 있다. '방벌'의 합법성·정당성을 입증하는 데 실로 곤혹스런 기록들이다.

다산은 이런 곳들을 얼버무리거나 비껴가지 않고 있다. 오히려 정면 돌파로 문제점을 까발리면서 논리적 대결을 대담하게 벌여 나갔던 것이다. 그는 실증적 차원에서 위의 기록들은 모두 역사 사실의 반영이 아님을 정치하게 증명하고 있다.*[8] 그런 한편 이론적 차원에서는 '방벌'을 후세의 안목에 구애되어 반역으로 인식한 나머지 역사 사실이 왜곡·날조된 것으로 결론을 짓고 있다.[9]

* 「중훼지고」는 그 편 자체가 모두 위작(僞作)에 속하는 것이며, 「백이열전」에서 문제의 기사는 당시의 예속이나 『논어』·『맹자』의 언급을 참고해 볼 때 사실무근이라는 것이다.

위에서 살펴보았듯 다산은 자신의 민주적 정치사상의 근거를 경전에서 고증했다. 설득력을 충분히 갖춘 것으로 보인다. 그러나 '하이상'의 정치제도가 역사상에 과연 실재했느냐고 묻는다면, 답변은 아무래도 애매해질밖에 없다. 그리고 설령 아득한 고대에 실재했더라도 잊혀진 지 벌써 오랜데, 그런 것을 다산은 어떻게 들고 나올 수 있었을까? 그런 착상을 하게 된 다산의 사고의 논리 및 그런 착상을 촉발하게 만든 시대, 특히 민중 현실을 들여다볼 필요가 있겠다.*

(3) 예치(禮治) 사상

다산은 민을 정치의 주체로 착안했다. 그것은 어디까지나 원론적 차원이며, 이상이요 소망이었다. 그것을 현실의 제도로 구체화하는 데로 다산 자신이 자기의 학문 작업을 밀고 나간 것 같지는 않다. 아니, 그가 처했던 주·객관적 조건에 비추어 그것은 가능한 일이 아니었다. 다른 한편으로 유의해야 할 점이 있다. 민주주의 정치제도는 아

* 나는 「정약용의 민주적 정치사상의 이론적·현실적 근저: 「湯論」·「原牧」의 이해를 위하여」(벽사 이우성 교수 정년퇴직 기념논총 『민족사의 전개와 그 문화』, 1990; 『실시구시의 한국학』, 2000. 재수록)에서 지금 제기한 문제들을 논했다. 특히 다산이 '하이상'을 착상하게 된 현실적 근거로서 18, 19세기에 상승한 민요(民擾) 형태의 민중 운동을 관련지어 보았다. 다산 자신이 황해도 곡산 부사로 부임했을 당시 민요의 주동자였던 이계심(李啓心)을 만나 그의 행동을 긍정적으로 평가한 사실을 주목했다. 민이 관에 대해서 부정을 고발하고 정당한 권리를 주장해야만 문제가 바로잡힐 날이 있으리라는 사고를 다산은 하고 있었다.

무런 모델도 없이 일개인의 머리에서 고안해 낼 수 있는 것이 아니다. 그리고 설령 고안해 낸다 하더라도 당시의 인간 현실, 사회 현실에 비추어 실현 가능한 일일까. 가능하다고 보기 어렵다. 때문에 나는 "『경세유표』의 체제는 「탕론」·「원목」의 정치사상을 실현 가능성을 고려해 대폭 수정한, 다시 말하면 근원적 개혁의 이상을 현실에 절충한 것이다"고 평한 바 있다.[10] 그 자신 극명하게 표출했던 민주체의 정치논리를 스스로 방기放棄했다는 의미는 물론 아니다. 그렇다면 민주체의 논리를 포함해서 그의 민에 대한 여러모로 풍부한 사상을 정법 3서는 어떤 방식으로 반영했을까?

> "오직 하늘만이 사람을 살릴 수도 있고 죽일 수도 있다. 인명은 하늘에 매어 있는 것이다. 사목司牧 또한 그 사이에서 선량한 자들을 보살펴 살아가도록 하고 죄악이 있는 자들을 붙잡아 죽이기도 하는데, 이는 천권天權을 현시하는 행위일 따름이다."
>
> 「흠흠신서서」欽欽新書序

『흠흠신서』에 붙인 다산의 글이다. 인명에 관계된 사법 행위를 하늘의 고유한 권리인 '천권'을 대신한 것으로 말하고 있다. 인명을 중시한 나머지 하늘을 끌어온 셈이다. 종래 목민관의 역할을 '대천리물'代天理物〔理=治〕로 대단히 의미를 부여했던 사고 논리 그것이긴 하지만, 인권의식을 '천권'으로 표현한 점이 특이하다. 다산 특유의 사상이며, 논법이라고 하겠다. 이에 근원적으로 제기된 문제가 있으니 다름 아닌 법의 개념이다. 다산은 '법치'를 부정한 대신 '예치'를 들고 나온 것이다. '예치'의 정신을 담은 것이 곧 『경세유표』인데, 당초에는 책의 표제까지 '방례초본'邦禮草本이라고 붙였다.

"여기서 논하는 내용은 법이다. 법인데도 예라고 서명을 붙인 것은 왜인가?"

「방례초본인」邦禮草本引

국가를 통치하는 기제는 법이라고 해야 마땅한데, 그것을 예禮로 대치한다는 주장이다. 다산은 '예치'의 모델을 고대에서 찾아 『주례』를 발견했다. 『경세유표』가 『주례』를 국가 제도와 국정 운영의 모델로 삼게 된 이론적 근거는 바로 '예치'에 있었다. "『주례』로 돌아가자." 그것은 더 말할 나위 없는 상고주의다. '신아구방'—우리나라를 새롭게 재건하자면서 도리어 옛날로 돌아가자고 한 것이다. 이는 다산적 사고 논리면서 실학의 기본 성격이기도 하다. 다산적 상고주의는 '법치'의 문제점에서 발단했다는 점에 주목할 필요가 있다.

"천리에 비추어 합치되고 인정에 맞아 어울리는 것을 예라고 이르는 데 대해 사람들이 두려워하고 슬퍼하는 바로 협박해서 우리 백성들로 하여금 덜덜 떨게 만들어 감히 저촉하지 못하도록 하는 것을 법이라고 한다. 옛날의 왕들은 예로 법을 삼았고 후세의 왕들은 법으로 법을 삼고 있으니, 이 점이 서로 다른 것이다.

「방례초본인」

다산이 문제 삼은 것은 법의 폭력성이다. 사람들을 협박해서 "덜덜 떨게 만들어 감히 저촉하지 못하도록 하는 것"이 후세의 제왕들이 제정한 법이라고 아주 신랄한 어조로 비판했다. 반면에 자연의 이치에 합당하고 인간 현실에 적합한 예로써 법을 삼아야 한다는 주장을 편다. 법을 원천적으로 부인하는 것이 아니고 법이 예의 성질을 갖추어야 한다는 생각이다. 즉 '제왕의 법'—현행법은 부정하고 천리와 인정에 합당해 보편성·항구성을 담보한 새로운 법 개념을 그는 사고하고 있다.

다산의 새로운 법 개념

다산은 「원목」에서 법은 본디 기초 단위에서부터 민의 소망을 좇아 제정, 하이상下而上의 방식으로 상달된 것이라고 천명하지 않았던가. 그야말로 법 제정의 절차에서부터 민주적이었으니 편민便民의 뜻이 십분 발휘되었을 것임은 물론이다. 이것을 법의 원형이라고 다산은 주장했지만, 차라리 그가 이상으로 사고한 법의 원리라고 보아야 할 듯싶다.

그런데 동양의 법에는 자고로 인권이란 개념이 부재했다는 것이 통설이다. 인간의 권리를 보호하고 통치자의 권력을 견제하는 법을 고려하지 못했으므로 법은 오로지 통치의 수단이었으며, 인간을 규제하는 장치로서의 기능을 수행해 왔다. 다산이 법에 대해 근원적으로 회의했던 이유는 바로 여기에 있었다. 「원목」에서 창조적인 예지로 구상했던 민주적인 법 제정을 이미 유보해 둔 상태에서는 고대적인 '예치'의 개념을 호출할 수밖에 없지 않았을까. 그리하여 예를 지향한 새로운 법 개념이 제기된 것이다.

다산은 천과 민을 하나로 묶어 통치자의 입장에서 두려워해야 할 대상이라고 일깨운 바 있었다. 그리하여 인간의 가장 기본적인 생명을 보호하려는 취지로 천권天權을 도입한 터였다. 인간의 생명은 기본적으로 천권에 달린 것으로 그는 사고한 것이다. 즉 천권에 의해서 인권이 보장되는 모양이다. 이 천권의 개념에 의거해서 현행법의 문제점을 근원적으로 제기해 하늘의 이치와 인간 현실에 기초한 합리적이고 보편적인 법으로 돌아갈 도리를 강구했다. 권력자의 사욕에 이용되는 법이 아닌, 공공성 및 합리성을 지닌 법, 그 법의 근거를 천에서 찾은 것이다. 다산이 강구한 새로운 법 개념은 자연법적 성질을 띠고 있는바, 자연법적 논리로 민의 문제에 접근했다고 말할 수 있다.

(4) 『목민심서』와 고과제도(考課制度)

다산의 정법 3서 중에서 가장 유명하고 오늘날까지 널리 읽히는 것은 『목미심서』다. '목민'이란 인민을 다스린다는 뜻의 말이다. 따라서 목민은 '치민'治民이라고 바꾸어도 좋은 것이다. 이때 '목'牧은 통치행위를 의미하는데, 바로 통치자를 '목'으로 일컫기도 했다. 목이란 글자의 여러 뜻풀이에 나라의 임금이나 고을의 관장을 가리키는 의미도 들어 있다. 지방관을 목으로 지칭한 것은 아득한 옛날부터였다.

동양 정치학에서 목민 개념

정치란 치자와 피치자의 관계에서 성립한다고 볼 때 목민은 다름 아닌 정치다. 그런데 목이란 글자의 일차적 의미는 가축을 기른다는 뜻이다. 소나 양 같은 짐승을 기르는 곳을 목장, 기르는 자를 목동이라고 부르지 않는가. 인민을 다스린다는 뜻도 실은 이 일차적 의미에서 확장된 것이다. 목민의 개념은 사람을 짐승의 차원으로 격하시킨 정치 논리라는 느낌이 들기도 한다. 그 의미하는 바가 이런 차원이 아닌 것은 물론이다.

'목민'은 곧 하늘〔天〕이 만사만물을 주재하고 화육化育한다는 관념의 소산이었다. 천자는 하늘로부터 하늘의 고유한 권능을 위임받은 존재이며, 지방관은 이 천자의 대리인이라는 생각이었다. 이야말로 대천리물代天理物이란 사고의 논리에 기초하고 있다.

이 사고의 논리에 의거해서 제왕의 권력이 정당시되는바 주군州郡의 장은 하늘로부터 위탁받은, 제왕의 권력을 분점한 셈이다. 그러므로 하늘이 만물을 낳고 기르듯 제왕이나 지방관은 백성을 양육하는 것이 마땅한 도리다. 때문에 나라의 임금이나 지방의 수령을 가리켜 다 같이 '목'이라고 일렀으니, 백성을 잘 보살피는 데 목이라고 일컬은 참뜻이 있었다고 할 것이다.

이런 목민의 개념은 인간 일반을 양으로 상정해 "여호와는 목자시니"(「시편」, 『성경』)라고 한 기독교적 논리와도 매우 흡사해 보인다. 기독교의 경우 그것을 종교화한 데 비해서 유교의 경우는 정치화했다고 말할 수 있겠다. 실로 흥미로운 동서의 공통점이자 차이점이다. 목민의 개념을 정치화한 유교에서는 인정仁政과 애민愛民을 특별히 강조했던 사실에 주목할 필요가 있다.

요컨대, 중국이나 한국의 전통 사회에서 정치학의 패러다임은 목의 개념에 기초하고 있었다. 그래서 이른바 목민서류가 각기 시대에 따라 저작되고 통행했음이 물론이다. 더욱이 유교적 체질을 강화한 시대, 중국사에서 송宋 이후나 한국사에서 조선왕조 이후로 와서 목민서에 속하는 저술들이 허다히 산출, 유포되기에 이르렀다.

중국과 조선의 목민서

중국에서 목민서의 범주에 속하는 전적典籍들은 그 전모를 이루 다 헤아리기 어려울 정도다. 역대에 유통되던 책이 잡다했던데다가 전하지 않은 것이 적지 않은 때문이다. 이 종류의 저술들을 총집한 형태로서는 최근에 『관잠서집성』官箴書集成[11]이 방대하게 출간되었으며, 명말에 이루어진 것으로는 『관상정요전서』官常政要全書 20책이 있다.

중국의 『관잠서집성』은 문헌 정리의 일환으로, 특히 자국의 우수한 행정 문화의 전통을 담고 있다는 점을 평가해서 편찬한 것이다. 여기에는 무려 101종이 수록되어 있는바, 명대에 나온 책이 17종, 청대에 나온 책이 73종으로 도합 90종에 이르러 명·청 시기가 절대다수를 점유하고 있으며, 그런 중에도 청대가 다수임을 확인하게 된다. 목민서류는 중국에서는 청대로 와서 급증한 것이다.

17세기로부터 19세기에 목민서류가 급증한 사실은 그것의 정치적 수요가 크게 발생한 때문이라고 해석할 수 있다. 조선조에서도 18~

19세기에 목민서들이 집중적으로 출현해 현재 알려진 것이 대략 23종을 헤아리고 있다. 이 시기로 오면서 중국과 마찬가지로 정치적 수요의 확장에 따라 목민서류는 필사본의 형태로 파생되어 나간 것이다.

다산의 『목민심서』는 다른 여러 목민서류와 대조해 보면 공통성과 차별성을 지니고 있다. 『목민심서』 또한 그 당시의 정치적 수요의 확장과 관련을 맺고 있다는 점에서 동시대적 공존물이며, 기본적으로 '목민'을 공분모로 삼고 있는 것이다. 양자의 차별성에 대해서는 여러모로 지적할 수 있겠다. 우선 가시적으로 『목민심서』와 다른 목민서류는 규모와 체계에서 차이가 뚜렷하다. 조선에서뿐 아니고 명·청의 목민서류 중에도 『목민심서』에 비견될 만한 것은 아직 발견하지 못했다. 그리고 내용으로 들어가서 차이점은 안목에 따라 여러 층위로 해석할 수 있다. 궁극적으로 『목민심서』 특유의 의미는 다른 어디가 아니고 그 작자의 학문 세계—저술 체계에서 찾아야 할 것이다.

『목민심서』는 관잠서의 일면을 지니고 있긴 하지만 그보다는 정서政書의 성격이 단연 우세하다.* 군현을 맡은 자들이 이 책에 적힌 내용을 숙지해서 실무에 적용하면 선치善治를 한다는 평을 들을 수 있을 정도로 치밀하고 구체적이다. 『목민심서』가 다른 여러 목민서에 비교도

* 관잠서(官箴書)란 지방관으로서 스스로 경계하고 성찰해야 할 말들을 정리해 놓은 책이란 뜻. 정서(政書)는 지방관이 정사를 수행함에 있어서 관계되는 제반 업무를 서술한 책이라는 뜻. 『사고전서』(四庫全書)에서도 목민서류는 대부분 사부(史部)의 관잠서로 분류했고, 극히 소수만 사부 정서에 들어 있다. 중국에서는 목민서의 성격을 관잠서로 인식해 온 것이다.

안 될 만큼 방대한 분량으로 엮인 요인도 여기에 있다. 또한 바로 그런 속에 당장에 죽어 가는 백성을 하나라도 구하고 지방 행정의 난맥상을 바로잡겠다는 저자의 충정이 깃들어 있는 것이다.

그럼에도『목민심서』또한 잠언적인 성격을 비록 부분적이지만 어느 정도 견지하고 있다. 수령된 자의 품성이나 도덕적인 태도를 부단히 강조하는 것이다. 거의 전편에 걸쳐서 수령 자신의 청렴성·근면성을 일깨우길 잊지 않고 있거니와, 율기律己·봉공奉公·애민愛民의 3기紀는 표제에서부터 이미 도덕적 방향이 전제되어 있다. 실제 내용을 살펴보면「봉공편」과「애민편」은 실무적인 내용을 위주로 하고 있다. 하지만 역시 수령 개인의 자기 수양에 역점을 두었으니「율기편」에 잘 나타나 있다. "밝기 전에 일어나서 촛불을 밝히고 …… 조용히 앉아서 정신을 함양해야 할 것이다." 수령의 일상적 몸가짐을 거의 종교적으로 끌어가고 있는 모양이다. 이 측면을 보면 사회·정치적으로 실천해야 할 문제를 개인의 주관적 태도에 의존하고 있는 것으로 비쳐진다.

주체 확립을 이처럼 중시한 것은 '수기치인'修己治人이라는 유교적 사고 논리의 특성이기도 하지만, 거기에 또 다른 까닭이 있었다고 본다. 당시 왕정체세에서 지방 수령은 행정뿐 아니라, 사법·치안·조세 등 백사를 관장해 거의 무제한적 권력을 행사하도록 되어 있었다. 지방의 고을은 비록 규모는 조그마해도 소왕국이고, 그 안에서 수령은 임금처럼 군림했던 셈이다. 원천적으로 권력의 분점과 균형이 결여된 제도하에서 그 제도를 뜯어고치지 않는 선에서 문제점을 최소화하기 위해선 담당 주체의 도덕성을 강조하는 것이 당연한 방향이라고 하겠다.

이 대목에서 아울러 주목할 사안이 있는바, 다산은 고과제도를 주요 포인트로 설정했다는 사실이다. 고과考課는 관리의 능력과 실적을 평가해 인사에 반영하는 제도다. 최근에 교직이나 공직 사회에서 갈등을 빚고 있는 평가 제도가 그것이다. 고적考績 또는 고공考功이라고도 일컬었는데, 고려조 말에 이미 이 제도가 도입되었으며, 조선조에서는 『경국대전』에 규정되어 감사가 관하의 수령들에 대해 매년 2회 공식적인 평가가 이루어지고 있었다. 지방관들의 필수 업무 사항으로 알려진 '수령7사'*는 다름 아닌 고과의 기준으로 정한 항목이었다. 이 관행적 고과는 그야말로 형식에 흘러 실효를 기대하기 어려운 형편이었다.

다산은 고과제도를 합리적으로 개정해 중앙 정부로부터 지방의 말단에 이르기까지 관직자들에 대해 전면적으로, 본격적으로 실시할 것을 주장했다. 국정의 성패는 바로 이 고과제도에 달린 것으로 확신했던 것이다. 이에 대한 그의 견해와 방법론은 「고적의」考績議란 논문에서 정치하게 논술되었고, 이론적 근거는 『서경』書經의 해석을 통해서 제시했다.[12] 요임금이 순임금을 발탁한 과정이나 순임금이 우임금을

* 수령7사(首領七事)는 지방관이 명심하고 힘써야 할 일곱 가지 임무로, 농상성(農桑盛)·호구증(戶口增)·학교흥(學校興)·군정수(軍政修)·부역균(賦役均)·사송간(詞訟簡)·간활식(奸猾息)이다. 지방관으로 나가는 자는 임금 앞에서 이 수령7사를 외우도록 되어 있으며, 우리나라의 목민서들은 대부분 수령7사에 맞추어 엮여 있다.

발탁한 과정 모두 장기간을 두고 실적을 평가해서 제위를 물려주었다는 것이 다산의 지론이다.

『목민심서』에서는 「이전」吏典의 '고공'考功에서 이 문제를 집중적으로 다루었다. "감사가 공적을 평가하는 법은 아주 소략하기 때문에 실효를 기대할 수 없다. 임금께 아뢰어 그 방식을 고치도록 하는 것이 옳다"고 다산은 고과제도의 전면적 개정을 염원한다. 그리하여 "이 법이 만일 정해지면 태평의 치세를 기대할 수 있을 것이다. 중국의 요임금과 순임금이 훌륭한 치세를 기록한 것은 오직 공적의 평가, 이 한 가지 일에 있었다. 나는 이 주장이 망언이 아니라고 확신한다"고 크게 역점을 두어 강조한 것이다.

'예치'를 주장한 다산의 정치학에서 주체 확립이 주요 과제로 되는 것은 논리적 정합성을 갖는다. 다산은 주체의 도덕적 자세를 기본으로 생각하면서도 다른 한편으로 감시 기능을 갖는 고과제도를 합리적으로 도입할 것을 강력하게 주장했다.

5

다산 개혁론의 행방

정약용의 개혁 이론과 방안은 어떻게 현실화되었던가? 다산학은 원래 무너지는 나라를 재건하고 신음하는 백성들을 구제하는 데 목적지를 두고 있었다. 그러므로 제기해야 마땅한 물음이다.

무릇 글을 쓰는 사람은 누구나 자기가 쓴 글이 사람들에게 읽히기를 소망하고, 글 속에 담긴 주장이 실현되기를 소망하기 마련이다. 다산은 그 정도가 심해도 아주 심했다. 자기의 두 아들에게 보낸 편지에서, 내가 죽고 나서 제사를 아무리 풍성하게 지내더라도 나의 영혼이 기뻐하기로 말하면 "내 글 한 편을 읽어 주고 내 책 한 부를 베껴 놓는 것만 못하다"고 썼다. 그리고 또 혹시 누군가가 너의 아버지의 저술을 열심히 읽는 줄을 알면 필히 찾아가서 만나 보되, 나이가 어른이면 아버지같이 대하고 비슷하면 형제로 사귀라고 당부한 것이다. 이토록

정약용해상독서도. 정약용이 강진 유배지에서 저술하는 모습을 표현한 것. 근대 계몽기로 와서 신교육의 교과서에 정약용의 학문이 소개되면서 위와 같은 그림이 그려진 것임. 〔『유년필독』 上, 광무 11년(1907)〕

자기의 저술이 세상에 널리 읽히고, 그래서 효과가 발생하기를 갈망했던 것이다. 그는 왜 자기 저술이 읽힐지 말지에 지나치다 싶을 정도로 집착을 했을까?

그의 학문 저술은 온 생애에 걸쳐 혼신의 노력과 열성을 바친 것이었다. 18년의 유배 기간에 그야말로 발분저서發憤著書를 했고, 해배 이후 죽을 때까지 유배지에서 짊어지고 온 원고 더미를 정리·보충 하는 작업을 계속했다. 그런 결과물에 남달리 애착심을 갖는 것은 당연하다 하겠으나, 이에 그치지 않고 깊은 뜻이 깃들어 있다.

다산초당(전남 강진). 정약용은 이 곳에서 유배 생활을 하며 실학을 집대성했다.

정약용 묘(경기도 남양주시 조안면 능내리). 생가인 여유당 뒤편 언덕.

그는 자기 저술에 담긴 경륜이 실현되느냐 폐기되느냐는 문제는 국가 운명이 달려 있고, 민생에 직결되어 있는 것으로 자부했다. 독서 행위를 통해서 알려지지 않으면 혼신의 노력과 열성을 바친 저서가 무화되고 말 것이다. '실학'이 '공언'으로 돌아가고 말 것이다.

저 방대한 저술은 실제로 다산 사후에 서고 속에 파묻힌 채로 오랫동안 햇빛을 보지 못했다. 간행도 되지 않았으니 널리 읽히기는 애당초 기대할 수조차 없었다. 오직 『목민심서』만은 지방 행정의 실무에 직접 관련되는 내용이기 때문에 필사본으로 더러 유통이 되었다. 억

울하게 죽어 가는 백성을 단 하나라도 살릴 수 있으면 하고 소원했던 그 저자의 뜻이 약간은 이루어진 것도 같다.

다산이 세상을 떠나고 한참 지난 후의 일이지만, 국왕 고종은 국정의 개혁에 뜻을 두면서 다산에 관심을 갖고 그의 유고를 들여오라고 지시했다 한다. 광무개혁에서 다산이 제시한 안이 부분적으로 채택되기도 했다는 것이다. 하지만 황현黃玹(1855~1910) 같은 비판적 시인은 "반계는 일어나지 않고 다산은 떠났으매 손때 묻은 책을 대해서 수염이 희어지오"磻溪不作茶山死 十對塵編鬢欲絲라고 한숨을 내쉬었다. 당시 추진되는 경장更張과 개혁이 실학의 경세론에 비추어 크게 미흡한 것으로 판단한 때문이었다. 문제점은 있었으나 실학의 저술들이 이 단계에서 현실적으로 포착된 것은 사실이다.

20세기 전후의 시점에서 『목민심서』·『흠흠신서』·『경세유표』 등 다산의 경세적인 저술이 근대적 출판물로 간행되었으며, 연암 박지원의 문집 또한 간행이 되고 작품이 주목을 받기도 했다. 실학의 근대적 발견의 첫 단계다. 이 단계에서 실학은 현실 적용의 차원에서 고려되었다. 다음 1930년대에 조선학 운동과 함께 실학의 저작들이 전면적으로 간행되기에 이르렀다. 이 제2단계에서 실학은 비로소 학문적 개념으로 인식된 것이다.

주

1 한국 경학 저술들의 세기별 분포를 정리해 보면 대략 이러하다.

- 15세기: 권근 『오경천견록』(五經淺見錄), 이석형 『대학연의집략』(大學衍義輯略) 등 약 13종
- 16세기: 이언적 『대학장구보유』(大學章句補遺), 이황 『사서삼경석의』(四書三經釋義), 이이 『율곡사서언해』(栗谷四書諺解) 등 50종
- 17세기: 권득기 『논맹참의』(論孟僭疑), 윤휴 『독서기』(讀書記), 박세당 『사변록』(思辨錄), 임영 『독서차록』(讀書箚錄) 등 약 200종
- 18세기: 정재두 『사서해』(四書解), 이익 『성호질서』(星湖疾書), 정조 『경사강의』(經史講義) 등 약 500종
- 19세기: 정약용 『논어고금주』(論語古今註), 심대윤 용학(庸學)·논어(論語)·삼경변석(三經辨釋) 등 약 500종
- 20세기: 박문호 『사서집주상설』(四書集註詳說), 김택영 『고본대학장구』(古本大學章句), 이병헌 『공경대의고』(孔經大義考) 등 약 70종

2 『黃嗣永帛書』(정음문고, 1975), 61쪽.
정조 22~23년 무렵 이가환이 국왕에게 천주교 금압과 관련해서 은밀히 했다는 말.

3 「監司自効疏草」.(『연암집』 권22 장42~43)
이 글은 박지원이 면천(沔川) 군수로 재임할 때 충청도 감사를 대신해서 쓴 것이다.

4 「轅固生傳」, 『史記』 권121.

5 『論語古今注』 권2 장10.(『여유당전서』 제2집, 권8)

6 『論語古今注』 권2 장11. (『여유당전서』 제2집, 권8)

7 “초순(焦循)이 이르기를, 무왕은 명을 받아 (천하를 다스렸으나) 미처 제례작악(制禮作樂)을 해서 태평 시대를 이룩하지 못하고 부득이 후세의 사람을 기다려야 했기 때문에 ‘미진선’이라 한 것이다”(焦循云, 武王受命, 未及制禮作樂以致太平, 不能不有待於後人. 故云未盡善).(『論語集說』 권1, 『漢文大系』 4, 52쪽)

8 『梅氏書平』 권2의 「仲虺之誥」에 대한 논의.(『여유당전서』 제2집, 권30)
『孟子要義』 권1 장25의 伯夷柳下惠章에 대한 논의.(『여유당전서』 제2집, 권5)

9 「逸周書克殷篇辨」, 『梅氏書平』 권4 장7~10.(『여유당전서』 제2집, 권32)

10 임형택, 「정약용의 민주적 정치사상의 이론적·현실적 근저: 「蕩論」·「原牧」의 이해를 위하여」(벽사 이우성 교수 정년퇴직 기념논총 『민족사의 전개와 그 문화』, 1990; 『실사구시의 한국학』, 2000. 재수록).

11 『官箴書集成』, 官箴書集成編纂委員會, 黃山書社, 1997(영인 4단 조판, 전 10책, 각 책 800쪽 정도).

12 「書經·舜典」 三載考績條, 『尚書古訓』 권2 장27~29.(『여유당전서』 제2집 권23)

4장

19세기 바다, 실학에서 바다로 열린 학지(學知)

이강회(李綱會)의 경우

I

다산학단과 이강회

정약용이 강진에서 18년의 유배 생활을 마감하고 경기도 고향 집으로 돌아갈 때 제자들과 수계修契 형식의 모임을 결성한다. 「다신계절목」茶信契節目이란 문건이 전해져서 모임의 취지 및 성원을 확인할 수 있다.

정약용이 처음 강진 읍내에 몸을 붙이고 있을 즈음 찾아와서 수학해 '읍중인'(이속吏屬 출신의 자제)으로 기재된 제자 여섯 명과 다산초당에 머물고 있던 시기에 지도를 받은 사족士族 출신의 제자 열여덟 명이 다신계의 구성원이다. 또한 불가佛家의 인사들이 다산을 종유從遊해, 이들과의 사이에 따로 전등계傳燈契가 결성되었다. 이런 사실에 근거해서 다산학단이란 개념이 부여된 것이다. 다산학단이라면 이 밖에도 추가해야 할 인물이 없지 않으나 다신계 및 전등계의 구성원들이 주축을 이루고 있다.

다산학단이란 자율적인 공부 모임이다. 굳이 규정짓자면 비제도적 영역에서의 학문 연구의 집결체인 셈이다. 그런데 조선조 사회에서는 교육 학문의 제도적 기구가 갖추어져 있었지만, 비제도적인 영역에서 운영되는 가숙家塾이나 서당, 학당學堂(서원書院으로 발전하기도 했음) 등이 발달해 대단한 영향력을 발휘한 사례도 없지 않았다. 도학을 숭상하는 풍조에서 대학자의 문하는 명성에 상응해 학자들이 운집한 나머지, 문인록이 상당한 책자로 꾸며지는 사례가 더러 있었다. 집권당에 속하고 주류적 학풍을 견지한 도학자 문하의 성세에 견준다면 다산학단은 오히려 잔약한 모습이라고 말해야 할 것이다. 비록 그렇지만, 다른 어디서도 보기 드문 두 가지 특성을 여기서는 찾아볼 수 있다.

하나는 구성원의 측면인데, 다산학단은 사족으로 그치지 않고 읍중인들이 처음부터 참여해 두각을 드러냈는가 하면, 일군의 승려들까지 합류한 것이다. 다른 하나는 내용적 측면인데, 우리가 지금 실학으로 파악하는 성격의 학문적 성과가 다산학단에서 산생産生된 사실이다. 정약용의 경학에서 경세학으로 펼쳐진 위대한 학문 성과는 그 자신이 중심 위치에 있는 이 다산학단의 결실(실제로 학단의 분업화된 형태의 저작 공정마다에 여러 제자들의 도움과 노력이 들어갔음)로 간주할 수 있는 것이다. 그리고 다산학단의 구성원들에게서 근래 학문 저술과 문예 창작들이 속속 발굴되어, 『다산학단문헌집성』茶山學團文獻集成이란 이름으로 최근에 간행된 바 있다.

다산학단은 한국 실학의 한 유파다. 이 다산학단에 대비되는 유파로서 '연암 그룹'을 들 수 있다. 18세기 후반 서울에서 박지원을 중심으로 일단의 진보적인 지식인들이 새로운 경향의 학문 예술로 어울려서 '연암 그룹'을 형성했으며, 19세기 초반으로 와서 저 남쪽 변경의 바닷가에서 다산학단이 성립한 것이다. 이리하여 한국 실학의 쌍벽이 이루어진 것이다.

나는 이 장에서는 다산학단의 이강회李綱會(1789~?. 자: 굉보紘甫, 호: 운곡雲谷)란 학자가 남긴 신발굴의 자료들을 조명하려고 한다. 사실 이강회라고 하면 "그가 누구지?" 하고 대부분 생소해 할 것이다. 그도 그럴 것이, 이강회는 한평생 시골구석에서 학문 연구에 몰두하다가 언제 죽었는지도 모르게 세상을 떠난 인물이다. 게다가 그의 저술은 온통 파묻히고 흩어졌으니, 어떻게 그런 존재가 세상에 알려질 수 있었겠는가.

지금 나는 이강회를 소개하는 일에 각별한 뜻을 두고 있다. 물론 까닭이 없지 않다. 다산학단을 대표하는 인물로서 이강회가 첫손에 꼽히지 않을까. 나 자신 이런 심증이 들었기에, 관심을 가지고 그가 남긴 저술들을 탐구하는 작업을 했다. 그래서 약간의 소득이 있었다. 부당하게 잊혀진 학자를 드러내 널리 알리는 일은 후학으로선 소홀히 해서는 안 되는 임무라고 하겠다. 이강회의 경우 이 선에서 그치지 않고 그의 학문이 역사적 의의를 크게 갖는 것으로 생각했다.

이강회가 추구한 학문은 반계磻溪→성호星湖→다산茶山으로 이어지는 상고주의적인 경세치용학經世致用學에 입각해 있으면서도 연암 그룹의 개방적인 태도와 기술공학적 논리를 적극 수용한 내용이었다.

이러한 경향의 학문은 19세기, 바다로 열린 시대를 예민하게 간파하고 대응책을 학적으로 강구한 것이라고 평가할 수 있지 않을까.

2

17세기 이래 한반도의 해양 상황

> 낙조가 구름 사이에서 새어 나와 아득한 바다 위로 거꾸러지는데, 한 가락 젓대 소리는 메아리쳐서 먼 하늘을 뚫는다. 호기豪氣는 날아오르고 신유神遊는 무한히 펼쳐지니, 저 회선回仙의 700리 호수는 조그만 웅덩이 물과 다름없이 생각되었다.
>
> 『남명소승』南溟小乘에서

제주도 한라산에서 서남방으로 끝도 가도 없는 대양을 바라본 감회를 16세기 조선의 시인 임백호林白湖(1548~1587)는 위와 같이 표출했다. "회선의 700리 호수"란 중국의 동정호洞庭湖를 가리킨다. 눈앞에 펼쳐진 바다를 대하니 700리 둘레의 동정호도 한낱 웅덩이로 생각된다는 말은 실상 적정 대비라서 도리어 싱겁다. 동정호가 제아무리 크다 해도 대양에 견줄 정도야 못 되지 않은가. 하지만 전에 누구도 설파하지 못했던, 그 시대 사고의 논리에 도전적 의미를 담고 있는 것이다.

종래 중국 중심의 세계관에서 큰 산 하면 태산, 넓은 물 하면 동정호를 으레 떠올렸다. 문화적 기호를 형성했던 셈인데, 실체에 접근하기 거의 불가능했던 조선 땅의 사람들에게 태산이요, 동정호란 더더욱 공고한 '관념의 공간'일 뿐이었다. 임백호 역시 동정호는 신선 여동빈(呂洞賓=回仙)이 소요하던 신화적 공간으로 의식하고 있다. 그에 반해 동정호의 상대적 왜소성을 깨닫도록 만든 해양은 '현실적 공간'이다. 해양의 발견으로 인해 공고하기만 했던 관념의 파괴가 일어났다.

그런데도 임백호에게 있어서 해양은 그야말로 신유神遊의 '문학적 상상의 공간' 그것이다. 물론 해양으로 향한 문학적 상상력이 창조적 가능성을 무제한 열었다고 말할 수 있겠으나, 인간의 실제 활동 영역 내지 모종의 사건이 발발하는 공간으로서는 아직 인식되지 못하고 있다. 전 지구적 차원의 문제들이 16세기 후반에 이르면 임백호가 바라보던 그 바다로 접근하고 있었음을 역사는 증언한다. 마젤란이 남미 대륙을 돌아서 태평양을 건너 필리핀 군도에 도착한 것이 1521년이고, 이후 스페인에 의해 필리핀이 정복을 당했다. 한편으로 포르투갈이 아프리카 대륙의 희망봉을 돌아서 인도양을 건너 말라카 해협을 통과해 중국의 남부에 마카오라는 무역 거점을 확보, 활동하기 시작한 것이 1557년의 일이었다. 이에 따라 예수회 선교사들이 일본 열도와 중국 대륙으로 상륙했거니와, 저 바다에는 동서의 무역선이 유유히 떠다녔다. 역사적 변화는 바다에서 오고 있었다.

바다로 접근하는 '서세'西勢의 물결이 한반도상에는 19세기에 이르도록 직접 닿지를 않았다. '서세동점'西勢東漸이란 세계사적 운동의 측면에서 보면 한반도는 '귀빠진 동네'였던 셈이다. 그렇지만 간접적인 영향권에 들어가서 안으로 천주교의 자발적 수용으로 인한 이념적 갈등이 조선 사회를 뒤흔드는 터에, 밖으로 원근 해양에 출몰하는 정체불명의 선박(당시는 황당하다 해서 '황당선'荒唐船, 이상하다 해서 '이양선'異樣船이라고 일컬었음)들이 불안감 내지 의혹만 증폭시키고 있었다. 뿐 아니고, 이런저런 실제 상황이 일어나기도 했다. 17세기 중엽으로 와서 임백호가 바라보던 그 제주도 근해로 하멜Hendrik Hamel(?~1692) 일행이 표류해 와서 조선 땅에 첫선을 보인 서양인으로 기록되기에 이른다.

19세기는 서세의 주도하에 해상 활동이 활발하게 공격적으로 전개된 '해양 시대'다.

19세기 바다의 문순득

19세기가 시작되면서 바다에서 특기할 사건이 일어났다. 필리핀 사람 몇이 제주도로 표류해 왔다가 어찌어찌 본국으로 돌아가고, 조선의 우이도牛耳島 사람 문순득文淳得(1777~1849. 『실록』에는 順得으로, 그 가문의 족보에는 淳得으로 기재되어 있음)이 표류해서 필리핀까지 갔다가 중국 마카오를 거쳐 귀환한 일이다. 이와 관련해서 『조선왕조실록』은 다음과 같은 기록을 남겼다.

"앞서 신유년辛酉年(1801-인용자. 이하 같음) 가을에 이국인 다섯 명이 제주에 표류해 닿았는데, 말이 무슨 소린지 전혀 알아들을 수 없었고 문자로도 통할 수 없었다. 자기들의 나라 이름을 대라고 해도 '마까외'莫可外라고 일컬을 따름이어서 역시 어느 나라 사람인지 알 도리가 없었다. 문서를 갖추어 성경盛京(지금 중국의 선양瀋陽)으로 호송했으나 임술년(1802) 여름에 성경의 예부에서도 국적을 확인하지 못해 도로 돌려보내고 말았다. 한 명은 중도에서 병으로 사망했다. (이에 조정에서는) 해당 목牧(제주를 가리킴)에서 집과 양식을 제공하고 우리나라 풍토를 익히며 언어를 통하도록 지시했다. 또 한 명이 사망해 세 명만 남았다. 이때에 이르러 나주 흑산도 사람 문순득文順得이 여송국呂宋國(필리핀. 여송呂宋은 루손을 가리킴)까지 표류해 갔다가 그 나라 사람들의 생김새며 복장을 직접 보고 그 방언을 기록해 가지고 돌아왔는데, 이 표류인들과 외모가 대략 비슷해 보였다. 시험 삼아 여송국 방언으로 말을 걸었더니 서로 간에 절절히 맞아 들어서 저들은 미친 듯 기뻐하며 눈물을 흘리다가는 엉엉 울기도 했다. 이런 저들의 정상이 가긍하기 그지없었다. 표류한 지 9년이 되어서야 비로소 저들이 여송국인임을 알게 된 것이다. 이른바 '마까외'란 저들 나라의 관음官音이다."

『순조실록』純祖實錄 권12 장35(순조 9년 6월 을묘乙卯)

이 기록을 서사적으로 읽으면 두 가지의 다른 서사 구조가 결합된 형태다. 표류해서 입경入境한 이방인 다섯 명, 그리고 표류해서 출경出境한 조선인 문순득, 이 두 반대 꼴로 전개된 역정은 그대로 각기 파란만장한 이야기를 이루는 내용임을 짐작키 어렵지 않다. 『실록』實錄의 기사에는 양자의 골격만 단편적으로 전하는 것이다.

마카오 전경. 1720년에 제작한 판화(네덜란드 인쇄업자 Pieter van der Aa 作). 당시 마카오는 성채나 건물, 바다 위의 선박 모두 서양식이어서 마치 서양의 어느 항구처럼 느껴진다.

위 기사에서 '마까외'莫可外란 도대체 무슨 뜻일까? 국적을 물었을 때 저들은 '마까외'라고 부르짖었는데, 성경盛京(瀋陽) 주재의 청조 관원들 또한 그 말을 알아듣지 못해서 회송 조처를 취했다는 것이다. '마까외'란 중국인이 오문澳門이라고 표기하는 마카오Macao 그곳이다. 문순득의 해외 체험을 담은 「표해시말」漂海始末이란 기록이 전하는 바, 여기에도 이 여송국 표류객에 대한 언급이 보인다. 저들은 "광뚱廣東 마까외로 우리를 보내 달라"는 소리를 입에 달고 다녔다는 것이고, 마카오와 마닐라 사이에 무역선이 빈번히 오고가고 했다고 문순득은 증언하고 있다. 저 여송국인이 탔던 배 또한 아마도 마카오로 가거나

마닐라로 오는 도중에 표류했을 것이다.

문순득은 저들이 돌아가지 못하는 안타까운 사정을 어떻게 전해 듣고 이렇게 생각한다. '나는 떠돌이 3년 동안에 여러 나라의 은혜를 입어 고국으로 살아 돌아올 수 있었다. 저 사람들은 아직도 제주에 수감되어 있다니, 안남安南(베트남을 가리킴) 여송 사람들이 우리나라를 어떻게 말할 것인가? 참으로 부끄러운 일이다.' 문순득은 해외 체험을 통해 이런 의식을 지닐 수 있었기에 일부러 나서서 저들의 귀환을 도왔을 것이다. 저들의 '마까외'라고 부르짖는 소리에 귀를 기울이지 않았던 청조 관원들의 자세에는 문제점이 있었다고 보겠거니와, 『실록』을 편찬한 사관史官의 "마까외란 저들 나라의 관음官音"이란 풀이는 웃음거리가 아닐 수 없다.

위의 『실록』 기사에서 주인공이라면 여송국의 표류객들이 되겠으나 흥미의 포인트는 아무래도 문순득에게 가진다. 문순득이란 인물은 우이도의 진리鎭里에 거주하며 배를 부려 장사하는 해상이었다. 우이도는 지금 행정 구역으로 전라남도 신안군 도초면의 한 섬인데, 당시는 전라도 나주목 관하의 흑산진에 속해 있었기 때문에 『실록』에서 문순득을 "나주 흑산도 사람"이라고 쓴 것이다. 그는 자기 소유의 배로 홍어 무역을 나갔다가 표류했는데, 그 시점이 1802년 1월 18일이다. 중국 대륙을 돌아 압록강을 건너 귀국, 우이도로 회귀한 시점은 1805년 1월 8일이었다. 이때 정약용의 중형인 정약전丁若銓(1758~1816)이 마침 우이도에서 귀양살이를 하는 중이었다. 정약전은 바다 밖으로 여송국까지 다녀온 것은 문순득이 개국 이래 처음이라 해서 그에게 '천초'天初라는 자字를 지어 주었고, 정약용은 문순득이 낳은 아들의 이름을 여송국에서 돌아와 낳았다는 뜻에서 '여환'呂還이라고 지어 주었다 한다.

정약용이 해배되어 강진을 떠나 경기도로 돌아가는 그 시점(정약전이 우이도에서 생을 마친 3년 후임)에서 다산학단의 이강회는 문순득이 있는 우이도로 간다. 그는 왜 우이도로 갔을까?

3

우이도로 간 이강회

내가 다산학단에 관해 연구 논문을 발표한 것이 지난 1998년이다.[1] 그때 나는 다산학단에서 이강회란 존재를 누구보다도 중요시했다. 다산의 문인들 중에서 수석은 이강회가 아닐까 하는 생각이 들었기 때문이다. 그렇게 심증이 가진 데는 몇 가지 근거가 있었다. 하나는 다신계 명단에서 그의 성명이 맨 위로 그의 친형인 이유회李維會(1774~1830)와 나란히 올라 있다는 점, 다른 하나는 다산의 경학과 예설禮說의 저술 작업에 그가 활발히 참여하고 있다는 점, 그리고 다산 선생의 임종시에 '큰 집'〔大厦〕이 무너지는 꿈을 꾸었다는 사실을 다산 연보에 기재하고 있는 점 등이다. 꿈의 기록은 앞의 두 조건이 전제되어 상징적 의미를 느끼게 한 것이다. 그렇지만 이 논문을 발표할 당시 나는 이강회의 저술이라고는 단 한 편도 얻어 보지 못한 형편이었다.

그 후로 몇 년 사이에 다행히 이강회의 저술 몇 종을 접하게 되었다. 이들 귀한 자료들을 얻어 보게 된 경위를 잠깐 술회해 볼까 한다. 이강회의 행적을 추적하는 이야기도 아울러 곁들여질 것이다.

내가 처음 만난 이강회의 저술은 『운곡총서』雲谷叢書라는 이름의 책이다. 이 서명이 일본 교토대학東京大學의 한적漢籍 목록에 나와 있는 것을 발견하고 즉시 소정의 절차를 밟아 그 마이크로필름을 받을 수 있었다. 「탐라직방설」耽羅職方說, 「현주만록」玄洲漫錄 두 저술이 담긴 책이었다.

「탐라직방설」은 2권으로 제1권은 제주도 지리지에 해당하는 내용이고, 제2권은 '상찬계시말'相贊契始末이라 해서 1810년대 제주도에서 일어났던 사건의 전말을 기술한 내용이다. 사료적 의미와 함께 현장감이 넘치는 기록이어서 현지 취재를 하지 않고서는 쓰기 어려운 것이란 느낌이 강하게 들었다. 「현주만록」은 중국 국적의 표류선을 현장 취재한 기록이었다. "조선 이강회 저"朝鮮 李綱會 著라고 저자의 국적을 명기한 것이 인상적인데, 본문의 첫머리를 "가정 기묘년에 나는 현주서옥玄洲書屋에 있었다"로 시작하고 있다. 가정 기묘년은 1819년이며, 이 시점에서 저자는 '현주'란 곳에 있었다. 「탐라직방설」 때문에 이강회는 제주도로 가 있지 않았을까 하는 생각을 가졌던 터에, 나는 '현주'란 제주도의 별칭이겠거니 하고 짐작했다. 이 짐작이 틀린 것을 나는 곧 알게 되었다.

그로부터 얼마 뒤 일이다. 나는 전라남도 신안군 문화원으로부터 고서 2권을 촬영한 영상 자료가 담긴 디스크를 우편으로 받았다. 정약전의 유배지인 우이도의 문채옥文彩玉 씨 댁에 보관된 문헌인데, 정약전의 저술인지 여부를 판단해 달라고 요청한 것이었다. 하나는 표제가 『유암총서』柳菴叢書, 다른 하나는 표제가 『운곡잡저』雲谷雜著라고 된 것이었다.

『유암총서』의 첫 장에 「표해시말」이란 제목이 눈에 들어왔다. 「표해시말」은 문순득의 구술을 정약전이 정리한 기록으로, 진작 최덕원 교수에 의해 학계에 소개되었던 자료다. 나는 최덕원 교수가 소개한 것을 처음 보고서 '이거 굉장히 재미난 것이다' 라고 비상한 홍미를 느꼈었다. 관심이 자연스레 끌렸으나 그 원전에 대한 언급이 모호해서 못내 궁금증을 가지고 있던 터였다. 「표해시말」의 원전에 대한 의문이 일시에 풀린 것이다.

「표해시말」에 이어 「운곡선설」雲谷船說이란 제목의 글이 나오는데, 이것은 이강회의 저작임이 분명하다. "무인년戊寅年(1818) 중동仲冬에 현주서옥에서 쓰다"고 밝혀 놓았으니, 「현주만록」을 쓴 바로 그 전의 겨울이다. '현주'는 제주도가 아니고 흑산도의 별칭임을 비로소 깨달았다.*

『운곡잡저』는 『유암총서』와 똑같은 필체로 이런저런 글들이 정리되지 않은 채 나열된 책자다. 그런 중에 「송정사의」松政私議란 제목의 글이 끼어 있는 바, 이는 정약전의 저작으로 제목만 전한 것이었다.[2] 『운곡잡저』는 「송정사의」 외에도 정약용의 「백언시」百諺詩 등 타인의 저작이 없진 않으나 이강회가 지은 글이 대다수로 보였다. 이 책에 이강회의 자기 소개서가 실려 있다.**

"나의 성은 이, 이름은 강회, 호를 운곡일인雲谷逸人이라 하는데, 강진현의 남쪽 외진 구석에 살고 있다오. 지금 31세로, 일찍 과거 공부에 빠졌다가 늦게 경술經術로 돌아왔지요. 지난 무인년(1818) 겨울부터 이 섬으로 와서 은거해 바야흐로 『주례』周禮를 연구하는 중이라오."

비록 짧은 기록이지만 이강회가 어떤 인물인가 여실히 드러나 있다. 몇 가지 사항을 짚어 보자. 그의 호가 '운곡'이란 사실은 여기서 밝혀지는데, 운곡은 그가 살던 마을의 지명에서 따온 것이다. 그는 본관이 광주廣州 이씨, 명재상으로 손꼽히는 동고東皐 이준경李俊慶의 직계 후손이다. 그야말로 명가의 후예다. 중간에 처사 이보만李保晩이란 분이 고산 윤선도尹善道의 사위가 되어, 그런 인연으로 강진의 백도白道란 곳에 내려와 살면서 그곳을 운주동雲住洞으로 일컬었다 한다. 이 운주

---

* 현주를 흑산도라고 쓴 이유는 흑(黑)과 현(玄)이 의미상으로 통하기 때문이다. 다산은 자기 중형의 저술인 어보의 서명을 『玆山魚譜』로 붙이도록 권하면서 흑산(黑山)은 어감이 좋지 않으므로 '玆山'으로 바꾸는 것이 좋겠다고 한 바 있었다. 현주(玄洲)도 같은 취지에서 쓴 것이다. (이 경우 玆은 玄과 같은 뜻이므로 음도 '현'으로 읽어야 맞음. 따라서 정약전의 玆山魚譜는 현산어보로 읽어야 맞는 것이다.)
아울러 흑산도와 우이도의 관계에 대해서 언급해 둔다. 지금은 흑산도와 우이도가 같은 신안군이긴 하지만, 행정 구역이 다르다. 조선조에는 그쪽 도서(島嶼)들이 모두 나주목 관하에 속했으며, 흑산진에 우이도가 포함되어 있었다. 진장(鎭將)이 관할하는 구역이었다. 그런데 흑산진이 당시에는 우이도에 있었다. 이 때문에 우이도를 흑산도로 일컫기도 했던 것이다.

** 중국 표류선의 선원 열네 명 중 스홍량(施洪量) 한 사람이 글을 쓸 줄 알아서 그와 필담을 나누었던바 그에게 이강회가 작별하며 준 글에 나옴. 이는 『운곡총서』에 수록된 「현주만록」에도 똑같이 나와 있음.

동 출생이기에 '운곡'으로 자호自號해, 서명에도 '운곡'이 붙여진 것이다. 그가 과거 공부를 하다가 경학으로 방향을 돌린 사실은 다산이 자기 중형(정약전)에게 보낸 편지에서도 언급하고 있는바 그가 연구 작업에 열심히 달려드는 때문에, "그의 시달림을 받아서 눈에 돋보기안경을 붙이고 임하지 않을 수 없습니다"고 즐거운 고통을 호소한 것이다.[3] 그 시점은 1811년이다.

앞의 인용문에서 이강회는 자신이 현재 진행하는 연구는 『주례』라고 한다. 이 연구 저술은 『주관연의』周官演義로서 그때까지 「천관편」天官篇을 끝냈는데, 이미 10권이 된다고 밝혀 놓기도 했다. 『주례』는 다산이 자신의 개혁 사상의 일차적 근거로 삼은 고전이다. 이강회가 바로 여기에 주력해서 연구를 진행한 사실은 흥미로운 대목이 아닐 수 없다.

이강회가 우이도로 들어간 시점은 1818년 초겨울, 10월경으로 추정된다. 다신계를 결성한 것이 이해 8월 그믐이니, 정약용이 강진을 떠난 직후에 이강회는 남쪽 바다로 향한 것이다. 혹은 유배지로 지정받아, 혹은 도피처를 찾아서 외딴 섬으로 가긴 했지만, 저 스스로 외진 섬으로 가다니…… 상정하기 결코 쉬운 일이 아니다. 무언가 심상치 않은 연유가 있었으리라. 이 점을 그 자신의 글로 밝혀 놓은 것은 보지 못했다.

이강회가 우이도로 간 이유는 꼭 집어 단정하긴 어렵지만, 몇 가지 정황적 동기로 미루어 짐작할 수 있다. 다산학단은 다산이 강진을 떠남에 따라 구심점이 빠져 학단으로 운동할 수 없게 된 단계에서 다신계로 대체된 셈이었다. 이강회는 선생님이 떠나신 허전한 마음에 새로운 출구를 모색하지 않았을까. 우이도에서 이강회는 문순득의 경제적 도움을 받으며 자신의 저술 작업에 주력하는 한편, 그곳 아이들을 가르치는 일을 수행했던 것 같다. 『운곡잡저』에 문현文絢이란 소년에게 준 글 두 편이 보인다.* 문순득이 이강회를 초청했다는 추정이 가능하다. 이강회는 정약전이 3년 전 서거함으로써 생긴 빈자리에 들어간 모양인데, 이강회의 경우는 자유 선택이었다. 우리나라는 삼면이 바다로 둘러싸인 '해국'海國이란 인식을 그는 뚜렷이 하고 있었다. 해양에 대한 관심이 우이도로 간 심리적 동기라고 나는 보고 있다.

19세기 한국, 바다의 주인공 문순득이 살았던 섬, 정약전이 유배를 가 있던 데 이어서 이강회가 자원해서 찾아갔던 그 우이도를 필자도 한번 직접 가보고 싶었다. 지난 2005년 7월, 나는 목포에서 흑산도로 가는 여객선을 타고 가다가 비금도에서 배를 갈아타고 우이도를 방문했다. 옛적 흑산진黑山鎭이 있던 그곳이 지금 우이도의 진리다. 문순득의 집은 우이도 진리여서, 그 옛집에 지금 문순득의 현손玄孫 되는 분이 살고 있는 것이다. 문채옥 할아버지다. 『유암총서』와 『운곡잡저』를 간직하고 있는 집이다. 두 문헌의 원본을 직접 확인하고 사진 촬영을 해온 것은 현지답사의 소중한 성과였다. 이에 못지않게 소중한 것은

* 『운곡잡저』 권2에 실린 무제로 된 글(文絢에게 술과 담배를 경계한 내용)과 「근설로 문현에게 보이다」(勤說示文絢). 문현은 누구일까? 이강회에게 공부하는 제자로서 문순득의 집 아이로 짐작된다. 아니라면 혹시 손암 정약전이 그곳에서 얻은 아들이 아닐까 하는 생각도 드는데, 앞으로 따져 보아야 할 문제다.

우이도 문채옥 씨 집. 문순득이 표류했다가 돌아와 치산을 해서 지은 집. 지금 지붕은 슬레이트로 되어 있으나 기둥이며 구조는 옛날 형태를 유지하고 있다. 왼쪽이 문채옥 노인, 나머지는 현지답사에 참여한 연구자들. 이강회는 이곳에 머물며 저술을 한 것으로 추정됨. (2005년 7월 촬영)

문순득의 삶의 유적과 더불어 우이도의 정약전과 이강회를 체감할 수 있었던 점이다. 문채옥 할아버지는 당시 86세의 고령임에도 옛일을 잘 기억해, 자기 고조부(문순득)의 사적을 들려주고 정약전이 살던 집터며 가르치던 서당 터까지 역력히 일러주는 것이었다. 자기 고조부는 표류했다가 귀환한 다음, 오히려 선상船商을 더욱 크게 해 상당한 부를 이루었다는 이야기는 특히 인상적으로 들렸다.

■ **이강회의 저술 목록(현재 파악된 것)**

①『운곡총서』(雲谷叢書) 41장:「탐라직방설」(耽羅職方說),「현주만록」(玄洲漫錄)

②『유암총서』(柳菴叢書) 48장

③『운암잡저』(雲菴雜著) 89장

④『물기당요찬』(勿欺堂要纂) 전체 10권 3책 가운데 권7~10이 있음.

⑤『운곡만필』(雲谷漫筆-逸書) *『비어고』(備禦考)에 단편적으로 전함.

⑥『주관연의』(周官演義)_(실전)

*『운곡일초』(雲谷日抄)라는 책이『목민심서』에 인용된바, 이강회의 저술로 추정됨. 그리고『운곡정요』(雲谷政要)라는 목민서가 전하는데, 영조 때 영의정을 지낸 이광좌(李光佐)의 저술로 알려져 왔으나 이강회가 지은 것이 아닌가 하는 의문이 제기된 바 있음.

4

이강회 저술의 분석—해양으로 향한 학지(學知)

우이도로 간 이강회는 무엇을 했을까? 왜 갔느냐와 직결되면서 훨씬 중요한 물음이다. 이 물음에 대해서는 답변할 물증이 이미 확보된 상태다. 『유암총서』·『운곡잡저』, 그리고 『운곡총서』가 그것이다. 지금 논의의 대상으로 잡힌 3종의 문헌은 분량이 큰 책은 아니지만 갖가지 내용에 수다한 제목으로 엮어진 것이다. '해양으로 향한 학지'라는 본 주제에 따라 골자를 추려내는 것이 요령이다. 이에 이강회가 우이도에서 만난 사람들로 가닥을 잡아서 내용을 분석하려고 한다. 취재원을 통해서 추적하는 방식이다.

우이도의 토박이로 해외 표류 경력을 가진 문순득, 때마침 표류해 온 중국 사람 스홍량施洪量, 그리고 이 섬에서 귀양살이를 하는 제주도 사람 김익강金益剛이 이강회가 우이도에서 만났던 사람으로 취재원이

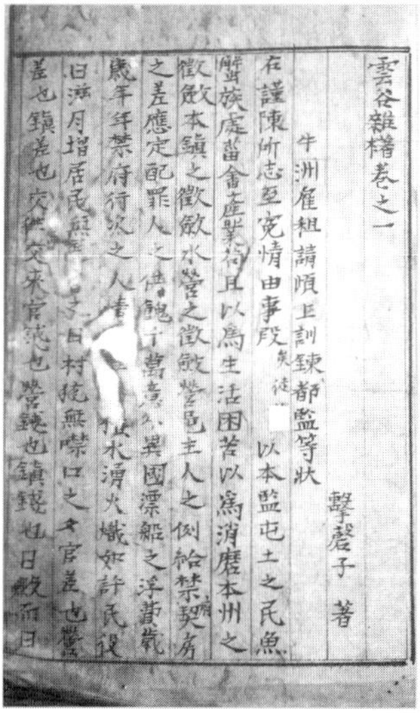

『유암총서』(우이도 문채옥가 소장)(왼쪽)
『운곡잡저』(우이도 문채옥가 소장)(오른쪽)

다. 앞의 문순득·스홍량과의 만남의 결과물은 선박제도에서 출발해 기술 개발이 핵심 내용이며, 뒤의 김익강과의 만남에서는 도서 지역의 실태와 민생에 관심이 돌려지고 있다.

문순득과의 만남—「선설」(船說)·「차설」(車說)

이강회는 애당초 문순득과의 만남에 큰 기대를 걸고 바다를 건너간 터였다. 과연 그는 문순득을 만나자마자 캐묻고 따져서 「운곡선설」(이하 「선설」로 표기함)을 지었다. 불과 한 달 만에 이루어진 작업이다. 곧 이어서 육상의 교통수단인 수레를 주제로 한 「차설 답객난」車說答客難(차설: 객의 질문에 답함. 이하 「차설」로 표기함)이란 글을 짓는다. 이것은 가설적인 문답체를 쓰고 있다.

정약전이 문순득의 구술을 받아서 엮은 「표해시말」에다 자신의 저술인 「선설」·「차설」을 한데 묶은 책이 다름 아닌 『유암총서』다. 「선설」을 집필한 경위를 이강회는 이렇게 적고 있다.

"올(1818년) 겨울 현주玄洲의 바다에서 공부하는데, 문순득의 집에 기거했다. 문순득은 상업을 하는 사람이다. 그는 비록 글자는 알지 못해도 슬기롭고 능력이 있었다. 지난 임술년(1802)에 표류해서 중산中山(곧 유구琉球: 원주)* 땅에 닿았고, 중산에서 배를 타고 환국을 하려다가 다시 표류해 여송呂宋에 닿았다. 여송이란 해외의 번국蕃國(중국 바깥의 나라를 일컫는 말)으로 복건福建·홍모紅毛(화란)·서양 등 여러 나라의 선박들이 상호 통상을 하니 그곳의 선박제도 또한 신묘했다. 여송에서 배를 떠나 순풍에 11일이 걸려서 광동廣東의 오문澳門에 도착했다. 오문이란 서남해의 선박들이 몰려드는 곳이다. 그곳의 선제船制 또한 신묘했다. 지금 논술함에 있어 11일 동안 항해한 그

* 중산(中山)은 류큐(琉球) 열도의 중심에 있는 국명. 지금의 오키나와에 있는 나하(那覇) 지역. 중산국(中山國)은 류큐 열도를 통일한 왕조로, 중국과 조공 외교를 계속했고, 우리나라에도 조선 전기에는 외교 사절을 파견한 바 있다. 17세기에 일본 사쓰마번(薩摩藩)의 침공을 받아서 중국과 일본의 양속 관계에 놓였으며, 일본국에 병탄된 것은 19세기 후반에 들어서의 일이었다.

선박을 취해서 표준을 삼은 것은 문순득이 관찰한 바가 자못 상세한 때문이다."

「운곡선설」의 서두, 『유암총서』

앞서 연암 박지원은 이방익李邦益이란 제주도 사람이 표류했다가 타이완臺灣 해역에 닿아 푸젠성福建省을 경유해서 귀국한 일을 두고 공식적인 연행 사절보다 의미가 훨씬 크다고 말한 바 있다.[4] 새로운 정보를 입수한 때문이다. 이방익에 비해 낯선 세계를 더 널리 편력하며 풍부한 경험을 얻어 가지고 돌아온 문순득을 이강회는 직접 만나고 싶었을 것이다. 그런데 위 서술을 보면 문순득이 원치 않았던 여행으로, 기착寄着한 이역에 대한 정보는 애매한 상태로 보인다. 여송=필리핀이 스페인에 지배당한 사실이나 오문=마카오가 포르투갈의 조차지租借地라는 사실을 막연히 몰랐던 듯 일언반구도 없이 오직 "홍모·서양 등 여러 나라의 선박들이 상호 통상"을 한다거나 "서남해의 선박들이 몰려드는 곳"이라고만 표현하고 있다. 이런 면에는 문순득의 정보가 닿지 못했던 것 같다. 배를 부려 장사하는 문순득의 눈에 놀라워 보인 것은 항구에 드나드는 무역선들이며, 따라서 그것을 가능케 한 기술적 요건인 선제船制에 시선이 집중된 것이다. 이는 곧 이강회도 같이 주목한 부분이다.

이강회의 「선설」은 문순득의 구술에 의거한 점에서 정약전이 기술한 「표해시말」과 마찬가지다. 이 양자는 서로 어떤 다름이 있는 것인가?

"손암巽菴 정공丁公(정약전을 가리킴)께서 이 바다에 유배 와 있을 적에 문순득의 구술을 받아서 「표해록」 1권을 지었다. 그 서술이 토산·풍속·궁실을 상세히 하고 더욱 선제船制에 대해서도 극히 갖추어져 있다. 그렇긴 한데, 문순득의 말에 의하면 '당시 정공은 기거가 편치 않아서 서둘러 현산茲山으로 옮기려고 했던 까닭에 그 대강만을 추렸을 따름이요, 세세하고 정교한 부분은 모두 다 이야기할 겨를이 없었노라'고 한다. 지금 문순득의 말에 의거해 다듬어 글을 짓는데, 손암의 기록한 바를 참작해서 1편을 이루었다. 내용을 다시 문순득에게 들려주니 조금도 착오가 없다 하기에 「표해록」의 아래 붙여서 소략한 면의 보충을 삼고자 한다. 참람하지만 이 또한 나라의 대정大政이라 할 것이다."

위의 글

「표해록」이란 정약전이 문순득의 구술을 받아서 기록한 「표해시말」을 가리키는 것임이 물론이다. 이 기록은 전체 3부로 구성되었는데, 제1부에서 출발부터 귀환까지의 경로 및 중간의 사건들을 일기체 형식으로 서술한 다음, 제2부는 유구와 여송에서 견문한 지식을 풍속·궁실·의복·해박海舶·토산으로 구분해 소개하고, 제3부는 두 지역의 언어를 별도로 정리한 것이다. 간결하면서도 요령을 얻은 기록이다. 이강회의 「선설」은 문순득이 필리핀에서 마카오까지 11일간 탔던 선박에 관심을 집중했으니, 「표해시말」 제2부의 '해박편'을 확충한 셈이다.

이강회는 「표해시말」이 이미 나온 터에 문순득 그의 경험을 처음부

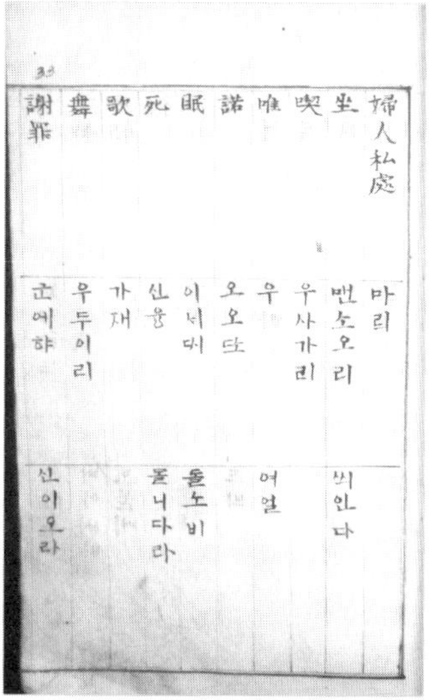

문순득의 표류 체험의 기록인 「표해시말」의 한 면. 현 오키나와와 필리핀 루손도의 언어에 대해서 기록한 것이다.

터 다시 추적해서 글을 쓸 흥미는 당기지 않았을 듯싶다. 무엇보다도 문순득이 11일 동안 탔던 그 번박番舶의 제도가 이강회의 지적 호기심을 불러일으켰다. '번박'이란 대개 서양 선박을 뜻했는데, 이 경우는 스페인의 무역선일 것이다.

「선설」은 선박의 구조와 운행 등에 관한 제반 지식을 조목조목 기술하고 있다. 각각의 조목은 하나의 '설'說에 '주'注와 '안'案을 붙이는 서술체제를 취했는데, '주'는 설에 대한 보충 설명, '안'은 거기에 대한 나의 의론이다. 따라서 '설'은 강綱에 해당하는 셈이다. 이 '설'은 문순득의 입에서 나온 말을 이강회가 구분해서 제시한 것임에 대해 '주'와 '안'은 전적으로 이강회 자신의 식견이요 사상이다. '안'에서

「표해시말」을 원용해 논하는가 하면, 다산학단의 학우인 이청李晴이 청산도 근해에 표착漂着한 외국 선박을 직접 탐사해 얻은 정보 등을 활용하기도 했다.[5]

요컨대 「선설」은 서양 선박에 접근해서 탐사해 수집한 정보 및 거기에 논평을 가한 내용이다. 특수한 기술공학 부문의 실용적 지식을 담은 것이다. 나는 이 부문에 지식이 전무한 상태이므로 그 내용에 들어가서 구체적으로 논할 자격이 없다. 오직 해양 진출을 위한 인간의 유일한 도구 선박에 학적 관심을 집중시킨 저자의 사상, 그런 사고의 논리가 나에게 있어선 문제적인 것이다.

『유암총서』에서 「선설」 뒤로 「차설」을 접속시켜 놓은 자체가 배와 차를 일맥상통하는 사안으로 인식한 저자 자신의 사고의 논리다. 이 「차설」은 문답체로 쓰인 긴 본론에 「제차설」諸車說이란 짧은 논설을 붙여 놓았다. 「제차설」은 모두 3편으로 편성된 『유암총서』의 총결에 해당하는 내용으로 간주할 수 있다.

「차설」은 우선 문답체를 채용한 형식적 고려가 흥미롭게 느껴진다. 문답체는 본래 주의 주장을 강하게 제기하는 논쟁적인 형태의 글쓰기다. 앞 「선설」의 경우 비록 '대리 경험'이지만 논리를 가능케 하는 실제상의 자료를 충분히 확보한 상태였다. 반면에 「차설」의 경우 입론할 근거로서 가시적 물증이 원천적으로 있을 수 없었다. 조선의 강과 바다에는 그런대로 선척이 떠다녔지만, 지상에 차량은 통행하지 않았던 것이 당시의 실상이었다. 본문에 제기된 반론의 하나가 우리나라는 단군 이래 3700년을 차량 없이도 잘 지내 온 걸 지금 와서 굳이 차제車制를 도입하려 드느냐는 것이었다.

「차설」이 글쓰기의 전술로 문답체를 택한 사정을 이해할 수 있겠다. 차제 도입에서 부딪칠 난관과 예상되는 반론들을 가상적 인물로 하여금 모두 제출하도록 하고 하나하나 변론해서 격파하고 설복시켜 나가는 방식이다. 제목에 부제처럼 달아 놓은 '답객난'答客難이 이를 뜻하는 것이다. 세 번째 물음에서 우리나라의 사정이 차량을 통행하기 어려운 문제점으로 여덟 가지를 들고 있다. 1에서 7까지는 현대적으로 표현하면 기술 인프라의 미달, 도로 인프라의 부족, 재원의 결핍 등 현실적 난점이었다. 그리고 '여덟 번째가 의론이 통일되지 않는' 관념상의 문제다. 여기에 대한 답변에서 제반 현실적 난점들은 인간의 노력 여하에 따라 해결이 가능한 데 견주어 난제 중의 난제는 다름 아닌 관념상의 문제라고 말한다. 인순고식因循姑息의 생활 태도, 개혁을 반대하는 이념 갈등이 최대의 걸림돌이었다. "혹시라도 구민유국救民裕國의 정책이 제출되면 벌 떼같이 일어나 공연히 헐뜯고 트집을 잡는다"는 것이다. 차제의 도입을 위해서는 무엇보다도 사고의 획기적 전환이 전제되어야만 했다.

중국인 스홍량과의 만남—「현주만록」

「현주만록」은 앞서 이미 언급한 터인데, 스홍량을 만나 「현주만록」을 짓기에 이른 경위에 대해 이강회는 이렇게 술회하고 있다.

"가경 기묘년(1819)에 나는 현주서옥에 있었다. 그해 2월 하순에 3일 동안 서북풍이 사납게 몰아치더니 섬사람이 보고하기를 동쪽 바다에 표류해 온 배가 있다는 것이었다. 진장鎭將 서위신徐衛信이 표선漂船으로 가서 문정問情을 하는데, 나도 따라갔다. 표선에 탄 선원 열네 명 중에 오직 스홍량 한 사람이 어느 정도 글을 쓸 줄 알았다. 그나마 통달하진 못해서 관화官話 어록語錄을 쓰는 정도였다. 진리鎭吏가 문정을 하지 못해 내가 붓을 잡고 문답을 기록했다. 이후 여러 날 왕래해 자못 보고 들은 것이 많았다. 그런 가운데서 실용과 실천에 유익한 내용만을 대략 기록해 둔다."

위에서 진장이란 흑산진의 별장을 가리킨다. 당시 우이도에 있었던 흑산진이다. 내가 지난번 현지답사에서 확인한바 진의 옛터는 문순득 집의 바로 가까이에 공지空地로 남아 있었다. 표선을 조사·정탐 하는 군사적 업무에 이강회가 끼어든 것은 좀 이상한 노릇이다. 그 자신 중국인을 만나 보고 싶은 마음이 있었던데다 진장의 협조 요청이 있었을 듯싶다. 위 인용문에 나와 있듯, 표류객과의 심문은 전적으로 이강회가 붓을 들었기에 가능했다. 『운곡잡저』에는 이 표선과 관련해 「문정보초」問情報草·「보장초」報狀草 등 수종의 보고 문건이 수록되어 있다.

「현주만록」은 11장에 불과한 것이지만, 뜻밖에 표류해 온 중국 상선을 만나서 정보를 얻고 지식을 넓히려 한 저자의 의도가 십분 담겨 있다. 스홍량과 필담한 내용들을 간추려 옮겨 놓고, 또 자신이 직접 관찰한 중국 상선의 구조며 운영 방식까지 기록한 것이다. 역시 사실 기록으로 그치지 않고 안설案說을 붙여서 자신의 견해 및 논평을 개진하

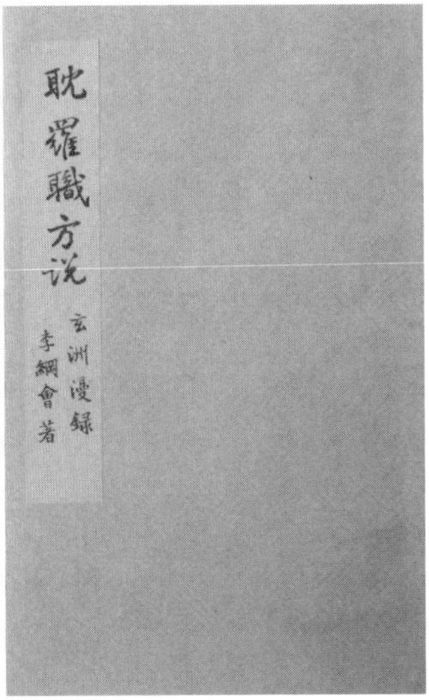

이강회의 저술인 『탐라직방설』 부 「현주만록」 표지

고 있다. 그리고 끝에 부록 된 스홍량과 다른 한 사람의 중국인에게 작별하며 지어 준 글이 눈에 들어온다.

이강회가 중국 선박이 표류해 오자 주제넘게 보일 정도로 나선 데는 까닭이 있었다. 그 자신의 뇌리에 중국은 문명의 고향이었다. 평생 중국의 고전을 읽으면서 정작 중국 사람을 만나 보지 못하는 현실을 그는 무척 답답하게 느꼈을 것이다. 더구나 남쪽 변경에서 낳고 자라서 마침 외진 섬 구석에 떨어져 있던 그의 처지로서는 중국 표선을 만난 것이 놓칠 수 없는 호기였다. 스홍량에게 준 글에 그의 이런 심경이 잘 그려져 있다. 뿐 아니다. 문순득의 구술을 기초로 해서 지은 「선설」은 '번박'을 대상으로 한 것이었다. 중국의 선제는 어떤가? 이 점이 매우 궁금한 사안이었다. 앞서 「선설」은 '대리 경험'에 의거했거니와 이번에는 직접 실측 확인이 가능해진 것이다. 「현주만록」은 말하자면 「선설」의 자매편이었던 셈이다.

> "무릇 우리나라는 개국 이래 외국 선박이 표류해서 해안에 다다른 일이 없는 달이 없을 정도다. 그럼에도 이른바 문정問情·양선量船은 한낱 겉껍데기의 형식에 지나지 못하며, 이런 등(외국 선제)의 묘법을 하나도 제대로 탐구하려 들지 않는다. 삼면이 바다인 해국海國으로서 미개한 상태를 고수하고만 있으니 식자의 한탄은 어찌 그칠 수 있으랴!"
>
> 「현주만록」

위의 외국 표선에 대해 탐사를 정밀하게 해야 한다는 주장은 우수한 조선·항해 기술을 도입해서 운용하자는 취지다. "삼면이 바다인 해국"이라고 이토록 분명히 인지한 표현은 처음 대하는 듯싶다. 곧 우리나라를 해양 국가로 인식한 데서 발단한 사고의 논리임은 더 말할 나위 없다. 이강회는 그 당위성을 역설하는 것으로 그치지 않고, 그 현실화를 목적으로 기술 학습의 방도를 스스로 찾아 나섰다. 우이도로 가서 문순득을 만나 저술한 「선설」, 그리고 스홍량을 만나 저술한 「현주만록」이 그것이다. 곧 해양으로 향한 학지의 실천이다. 추사 김정희는 우리 근해로 출몰하는 서양 선박과 관련해, "비록 저들의 선박제도를 모두 당장 배우기는 어렵겠으나 돛을 다루는 한 가지 기술이라도 배워 실행에 옮길 수 있을 텐데, 어느 누구도 마음 쓰는 자가 없다"[6]고

몹시 탄식한 바 있었다. 이강회는 바로 이 문제점에 먼저 착안하고 스스로 구체적인 작업을 벌인 것이다.

> "우리나라 세계는 천지가 개벽한 이래 자연 그대로 순응한 이외에 별다른 인공人功을 가한 적이 일찍이 없었다."

「제차설」諸車說이란 글의 한 대목이다. 「표해시말」·「선설」·「차설」 3부작의 총결에 해당하는 것으로 간주한 그 글이다. '우리나라 세계(천지)'는 개벽 이래 오로지 인순고식의 삶만을 영위했지 자연에 '인공'을 투여하는 노력이 없었다는 지적이다. 예컨대 강물이 철철 흘러가는데 그 물을 끌어다 쓸 줄을 몰라서 논바닥이 거북등이 되고 벼는 타들어 가는 실정이라고 말한다. 수자원을 되돌릴 수 없는 곳으로 쏟아 버린다는 뜻이다. 거기에 적절히 '인공'을 가하면 무용지물로 버려지는 것이 얼마든지 유용지물로 전환될 수 있다는 논법이다. 수차水車를 이용하면 논에 물을 무난히 끌어댈 수 있으며, 그 밖에도 급수차汲水車·유형거流衡車(짐을 운반하는 용도의 수레) 등을 고안해서 실생활에 큰 도움을 줄 수 있다고 주장한다. 지상의 교통수단인 차량은 원리가 바퀴에 있다. '제차설'이란 바퀴의 원리를 차량을 비롯해 다방면으로 응용하자는 취지에서 붙인 제목이다. 이 밖에도 방어 무기로서 포차砲車, 생활 용구로서 면거棉車 등을 들고 있다. 그뿐 아니라, 선박에도 바퀴를 장착해서 바람과 물결을 거슬러 운항할 수 있음을 언급하기도 한다.

위 인용문에서 우리나라 사람들은 하늘 아래 땅을 개벽 이래 자연 상태 그대로 두고 살아왔다 함은 물론 과장된 발언이다. 그것은 '인공'에 의한 문명의 건설, 그쪽으로 사고의 적극적인 전환을 강조하는 수사법이다.

김익강과의 만남-「탐라직방설」

1813년(순조 13) 겨울 제주도에서 모반謀反으로 보고된 사건이 있었다. 행동으로 표현된 것이 아니고 반란을 기도한다는 이른바 고변告變이었다. 주모자로 붙잡힌 사람은 좌수를 역임한 양제해梁濟海였다. 이에 줄줄이 묶여 들어가서 혹형을 당해 죽어 나간 자가 속출했다. 조정에서는 찰리어사察理御使를 급파, 조사 판결을 내렸다. 제주도인이 쓴 제주도 역사-「탐라기년」耽羅紀年에는 "순종 14년(1814) 1월 찰리어사 이재수李在秀가 내려와서 양제해 부자를 처형하고 나머지 무리들은 섬으로 유배 보냈다"고 이 사건의 결말이 기록되어 있다. 이강회가 우이도로 건너가기 6년 전에 일어난 사건이었다.

당시 제주도에서 중앙 정부에 반기를 들어 어떻게 일을 도모할 수 있었을까? 사실 자체가 납득하기 어려운 면이 있는데, 이 음모·계략의 배경에는 상찬계라는 조직이 있었다. 이 사건은 '양제해 모반사'로 세상에 알려진 사건이지만, 이강회는 각도를 달리해 그 배경을 포착, 「상찬계시말」相贊契始末이란 제목으로 다루었다. 『탐라직방설』의 제2권에 담긴 내용이다.

이강회는 우이도로 가기 전 강진에서 이 사건의 전말을 대략 들었

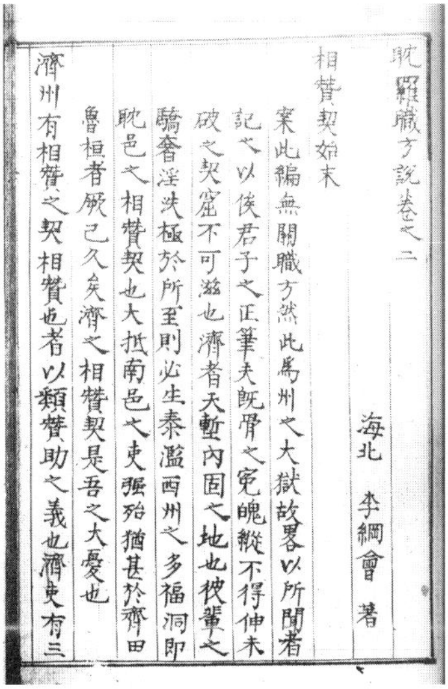
耽羅職方說卷之二

海北 李綱會 著

相贊契始末

案此編無關職方然此爲州之大獄故畧以所聞者
記之以俟君子之正筆夫既胥之冤魄縱不得伸末
破之契窟不可滋也濟者天塹內固之地也彼輩之
驕奢淫泆極於所至則必生泰濫西州之多福洞即
耽邑之相贊契也大抵南邑之吏强殆猶甚於濟田
魯恒者厥已久矣濟之相贊契是吾之大憂也
濟州有相贊之契相贊也者以類贊助之義也濟吏有三

『탐라직방설』 권2 첫 면

던 모양이다. 강진은 예로부터 제주도로 내왕하는 나루여서 제주도 소식을 종종 접할 수 있었다. 그는 양제해란 사람을 반역자가 아닌, 제주도의 악폐를 제거하기 위해 자기희생을 무릅쓰고 나선 훌륭한 인물로 생각하고 있다. 제주도 사람들이 전하는 말에 "양제해는 지금 세상의 항우項羽"라고, 양제해란 존재가 민중적 영웅으로 부각되고 있음을 언급하기도 한다.

이강회가 우이도에서 만난 김익강金益剛(본관 김해, 향관鄕官, 당시 61세)은 곧 양제해의 장인이다. 이런 관계로 김익강이 연루된 것이지만, 음모자 집단은 "양제해를 제거해도 김익강을 끝장내지 않으면 우리는 살아도 산 것이 아니다"고 말했다는 것이다. 그럴 정도로 그는 제주 사회에서 비중이 대단한 존재였다. 그가 옥중에 갇혀 있을 때 몰래 해치우려는 음모가 갖가지로 악독하게 가해졌으나 끝내 성사되지 못했다. 주변의 신망이 워낙 두터워서 번번이 구원의 손길이 미쳤다고 한다. 마침내 찰리어사에 의해 죽음을 면하고 정배원도定配遠島(멀리 떨어진 섬으로 귀양 보냄)의 형을 받게 된다. 그래서 흑산도에서 귀양살이를 하게 된 것이다. 이강회는 김익강의 이야기를 당초 문순득에게서 들었다. "손암 정공(정약전)이 그 인물을 기특하게 보아 크게 심계心契가 있었다"는 말에 이강회 또한 마음이 쏠려 맞아 오게 된다. 이강회는 그를 만나 본 소감을 "참으로 소홀히 대할 인물이 아니다"고 적고 있다. 상찬계의 자세한 내막을 비롯한 제주도 실정은 주로 김익강을 통해서 알게 되었을 것이다.

상찬계는 성격이 이속이란 지방 행정의 실무자 집단의 내부에서 상호 협조를 다지기 위한 조직체다. 제주 고을은 진무리鎭撫吏, 향리鄕吏, 가리假吏로 일컬어지는 삼반이속三班吏屬이 800여 명인데, 상찬계로 결속한 인원이 300여 명을 헤아렸다. 집단적 이기주의는 예나 지금이나 고약한 폐해를 일으킬 가능성을 지니기 마련이다. 이 조직체는 1791~1792년에 결성되었는데, 불과 몇 년 사이에 세력이 커져서 1812~1813년경에는 농간을 부리고 탐학을 자행하는 행위가 극에 다다랐다 한다. 상찬계가 있는 곳에는 백성이 죽어나고 고을도 망한다는 말이 돌았다. 이속층과 향관층 사이에 갈등이 발생해서 문제를 일으켰던 것도 같다.* 이에 양제해가 나서서 상찬계 해체를 위한 계획을 추진한 것이다. 그러다가 같이 모의하던 사람이 상찬계 측에 고자질을 해,

양제해가 도리어 반격을 당한다. 양제해가 역모를 꾸몄다는 것은 저들이 조작한 간계였음이 물론이다.

이강회의 「상찬계시말」은 '양제해 모반사'라고 알려진 사건을 민중적 관점에서 거꾸로 보기를 한 기록이다. 그런 관점을 취함으로써 지역사의 한 동태적 국면이 포착될 수 있었다. 또한 이 기록은 사건에 관련된 주요 인물들을 열전列傳의 형식으로 부각시켜 읽는 재미를 배가시키고 있다. 사료적 가치와 문학적 흥미가 절묘하게 어울린 사례라고 하겠다.

그런데 「상찬계시말」을 『탐라직방설』이란 지리지적 성격의 책에 포함시켜 놓은 점은 적절치 않아 보인다. 저자 자신도 이 점을 생각하지 않았던 것은 아니다. 『탐라직방설』은 요컨대 우리의 강역에서 최대의 부속 도서인 제주도에 대한 관심의 표명이다. 제주도에 관한 제반 지식·정보를 정리해 놓은 내용인데, 동태적 현황도 포착하고 있다. 특히 상찬계는 제주도가 당면한 민생 현실로 간과할 수 없는 사안이기에, 『탐라직방설』에서 이를 별도의 권으로 잡아 비중 있게 다루었다고 본다.

이강회의 마음을 붙잡은 문제의 하나는 민생 현실이었다. 질고疾苦

---

* 이속층이란 지방 군현의 실무 행정을 담당하는 아전 부류를 가리키는 데 대해서 향관층(鄕官層)은 수령에게 그 지방의 실정을 자문하는 역할을 맡는 좌수(座首)나 별감(別監)을 지칭하는 것이다. 아전은 읍내에 거주하는 특정한 향리 가문에서 담당하며, 좌수나 별감은 대개 향반(鄕班)이라고 불리는 그 고을 양반가에서 뽑힌다. 이속층과 향관층은 신분상·직분상으로 구분이 있기 때문에, 경우에 따라 상호 갈등이 발생하기도 했다.

와 도탄에 빠진 민중을 어떻게 구할 것인가? 그의 스승 다산이 당면한 문제로 고민하며 해결책을 모색했거니와, 이강회 또한 같은 문제의식을 지니고 있었다. 그래서 이강회는 해양 중심의 국토 인식으로 저술한 『탐라직방설』에 「상찬계시말」을 포함시킨 것이다. 또한 우이도 백성의 간고한 삶을 눈앞에 대하면서 무한히 안타까워하며 저들을 옹호하고 대변하는 글쓰기를 마다하지 않았다. 도민島民들이 억울한 사정을 해당 관청에 호소하는 형태의 등장等狀 여러 편을 『운곡잡저』에서 읽을 수 있다. 거기에는 민생 현실의 질고가 핍진逼眞하다.

자유무역 특구의 구상

이상에서 살핀바 우이도로 간 이강회의 학지는 방향이 두 갈래였다. 해양 진출을 위한 선박제도에 대해 기술적 관심을 기울인 한편으로, 목전의 민생 현실에 마음이 사로잡혀 있었던 것이다. 양자는 서로 어긋나는 문제처럼 비쳐지기도 한다. 허나, 눈앞을 건너뛰어 저 멀리 바다만 바라볼 수야 없지 않은가. 이런 기본 자세와도 무관하지 않겠으나, 그의 사고의 논리는 양자를 통일적으로 해결하는 쪽으로 나아가고 있었다. 「상찬계시말」에서 한 대목을 제시해 본다.

"수십 년 전엔 제주도에서 장사한 외지 사람들이 매양 열 곱의 이득을 보더니 지금 이같이 하지 못하는 것은 대개 이(상찬계) 때문이다. 만일 국가에서 배 수백 척을 영조營造해, 법을 세우되 달량부達梁府에 번박番舶을 위해

설시設市한 것처럼 해서 사상私商의 행위를 금하면 저들 무리가 농간을 부리지 못할 뿐 아니라, 국가에 있어서는 백골 징포를 하느니보다 훨씬 낫고 전호佃戶들로부터 곡식을 끌어내는 것보다도 훨씬 낫지 않겠는가. 상홍양桑弘羊이나 왕안석王安石은 비록 이끗을 중시한 소인이라 하지만 그들의 본뜻은 대개 부賦를 마구 부과하지 않고 세稅를 마구 징수하지 않으려는 데 있었다. 어찌 한스럽지 않으랴!"[7]

이 글은 제주도에 많은 상선들이 들어와서 이익을 남기더니 근래 상찬계가 결성된 이후로 관리들의 사적인 징수가 자행됨에 따라 위축된 형편이라 하면서 제안한 내용이다. "달량부達梁府에 번박을 위해 설시設市한" 그처럼 해외 무역의 특구를 설정해서 국가적으로 추진하자는 것이 제안의 골자다. '달량부'가 어디를 가리키는지 미상이지만, 일본의 나가사키長崎나 중국의 마카오 같은 곳을 염두에 둔 것이 아닐까 한다.

요컨대 위 논지는 제주도에 국제 무역의 특구를 설정하자는 제안이라고 해석할 수 있다. 당시의 조선으로서는 기상천외한 발상이요, 발언이다. 이 제의를 실현할 방도를 잠깐 헤아려 보아도 난관이 중첩되어 있다. 우선 그 자신이 전제한 선박 수백 척을 영조하는 일만 해도 조선술·항해술 등 만만찮은 난제가 앞을 가로막는다. 그리고 해외 교역을 구상한 것이므로 어디까지나 국제 관계 속에서 풀어야 할 사안이다. 여기에 대응하는 국내적인 체제 전환, 국제적인 관계 설정 등 그 어느 하나도 준비되지 않은 상태였다고 보아야 할 것이다. 이강회의 제의는 계획의 세부를 일체 생략한 발언이므로 일종의 가상이며, 아이디어 차원처럼 들린다. 하긴 또 이강회의 처지에서 계획의 세부를 채울 지식 정보를 확보할 길이 막연했을 터다. 이런 한계점을 인정하더라도 일종의 국제 무역 특구를 제안한 그의 발상은 놀라운 탁견卓見이며, 자기 시대를 앞서 나간, 기실은 자기 시대의 절실한 과제였다고 평가해야 할 것이다. 이는 해양으로 향할 학지의 열림이 도달한 사고의 지점인데, 가까이로는 자국의 낙후한 현실을 타개하기 위한 근본적인 대책이며, 바야흐로 급전急轉하는 지구적 세계로 향한 적극적인 방략方略이었다.*

* 이 단락에 제시된 이강회의 사고의 논리에 밑받침과 보완이 됨 직한 자료 두 가지를 소개한다. 「차설」에서 이강회는 차(車)의 이용이 유리하다는 사례의 하나로 제주의 공납을 들고 있다. 제주도에서 중앙 정부로 올라가는 공납물이 매년 100바리〔駄〕의 분량인데, 이를 운반하려면 농민의 노력 동원이 불가피하고 제 비용도 엄청나게 소모되기 마련이다. 만약에 수레를 이용하면 농민의 노동력을 수탈할 필요가 없어지고 제 비용 또한 대폭 절감되어, 백성도 국가도 함께 이익을 얻는다는 것이다(이 부분은 수치로 계산해서 제시하고 있음). 해외 통상과 선진 기술의 수용이 유리한 방향이라는 증거로서 이강회는 일본의 경우를 들고 있다. 우리는 어리석고 일본 사람은 영리한 것도 아닌데 저들의 놀라운 발전은 무엇으로 가능했는가 하면, 요컨대 활발한 해외 교역이라고 주장한 것이다.(「諸車說」. "且百年以來, 長碕 · 薩摩之路, 周通天下之番舶, 凡百貨物器用, 相與交易, 見聞熟習, 所以日趨於精也.")

5

서세의 침투에 대한 관찰 보고

해양으로 진입한 '서세'가 침략적 속성을 지녔던 것은 분명한 역사적 사실이다. '서세'의 진입으로 해방海防이란 신개념이 제기된 것이다. 위에서 아직 이 측면으로는 시선을 돌리지 못했다.

이강회는 해방의 문제를 인식하고 대비책까지 논했던 것으로 보인다. 「선설」을 끝맺는 부분에서 이 저술을 자평해 "『열하일기』熱河日記·『북학의』北學議에서 들어 보지 못한 바요, 『무비지』武備志와 형천荊川에서 보지 못한 것이다"고 말한다. 『무비지』는 명나라 모원의矛元儀가 편찬한 병서로서 집대성적 저술이며, 형천이란 역시 명대 문학가로 유명한 당순지唐順之를 가리키는바 왜구를 방어하는 데도 공이 큰 인물이다. 「선설」을 박지원의 『열하일기』와 박제가의 『북학의』에 견준 것은 이용후생利用厚生의 측면이겠거니와, 『무비지』와 당순지에 견준 것은 서세에 대한 군사적 대응의 측면이다. 이용후생의 측면과 관련해서는 뒤에 언급될 것이다. 요컨대 「선설」은 군사적 방비의 의미도 내포한 저술임을 확인할 수 있다.

이강회의 저술 가운데 '해양 시대'에 처해서 해방책海防策을 강구한 글이 따로 있었던 것 같다. 아쉽게도 잃어버린 것이다. 『비어고』備禦考*란 책에서 두 조목을 확인할 수 있다. 한 조목은 이덕무의 저술로 '아란타'阿蘭陀(오란다, 즉 화란. 하란荷蘭, 홍이紅夷라고도 일컬었음)에 대해서 논한 대목에 붙인 이강회의 안설案說인데, 그가 어떤 경위로 쓴 것인지는 알 수 없다. 다른 한 조목은 영국에 관련한 기술 속에 『운곡만필』雲谷漫筆이 인용된 것이다. 『운곡만필』은 이강회의 잃어버린 저술의 하나로 보이는데, 인용된 대목이 자못 우리의 관심을 끄는 것이다.

1816년 음력 7월의 일이다. 진도에서 제주도로 가는 외해外海의 도합도叨哈島(천도의 속도였음) 해상에 정체 미상의 대형 선박이 출현, 며칠 정박한 사건이 일어났다. 그 선박은 여덟 개의 돛에 둘레가 4리里나 되며, 대포를 장착해 포성이 천지를 진동했다는 것이다. 섬에 상륙해

* 『비어고』는 현재 서울대학교 규장각에 수장되어 있다. 이 책은 모두 10책으로 체제를 갖추지 못한 미정고의 필사본이다. 편자가 누군지 모호한데, '연안 이중협 집'(延安 李重協 輯)으로 적힌 부분도 있고, '송풍암 집'(松風菴 輯)이라고 적힌 부분도 있다. 『여유당전서 보유』(與猶堂全書 補遺)에 이 문헌이 수록되어 있는데, 다산이 송풍암이란 당호를 쓴 사실에 의거한 것 같다. 다산이 두 아들에게 보낸 편지에서 저술에 힘쓸 것을 당부하며 '비어고'라는 제목으로 주요 문목(門目) 및 유의점까지 열거하고 있다. 그리고 관련 자료를 자신이 이미 상당한 분량을 수집한 것으로 말하고 있다.(「기양아」(寄兩兒), 『여유당전서』 시문집 권20 장15)
이에 대해서는 앞으로 자세한 문헌 고증적인 연구가 요망된다.

가축을 약탈했으나 다른 물건은 가져가지 않았고, 인명도 해치지 않았다 한다. 이에 천도泉島의 풍헌風憲이 여러 섬의 영장領將들과 인력을 동원해 비상 출동을 했다. 이강회는 아직 강진에 있을 때였다. 그런데 마침 그의 종형 이덕회李德會가 그 인근 섬에 가 있다가 직접 눈으로 보고 전후의 정황을 그에게 들려주었다는 것이다. 이강회로서는 간접경험을 한 사실이다.

우리 측이 동원한 대항선은 제일 큰 300섬을 싣는 배였으나 접근해 보니 돛대의 꼭대기가 겨우 저쪽 선체의 현舷에 닿는 정도였다. 태산같이 보였다 했으니, 대인국 사람 앞에 선 소인국 사람이라고나 할까. 저쪽에 맞서 무슨 조처를 취하기는커녕 도리어 나포를 당한 꼴이 되고 말았다. 그래서 구경하게 된, 우리나라 사람들 눈에 비친 저쪽 선상은 이러하다.

"아국인이 (저쪽 함선에) 처음 올라가서 저 사람들의 얼굴 생김새를 보니 우리와 다름이 없는데, 머리에 착용한 모자는 다리미를 덮어쓴 것 같았으며, 의복은 모포나 금단錦緞이었고, 언어 문자 모두 통할 수 없었다. 배는 구획을 지어 칸막이 한 것이 무려 수백을 헤아렸으며, 한편엔 대장간을 두어 쇠를 벼르고, 또 한편엔 톱질해서 배를 만드는가 하면, 다른 편엔 채소를 가꾸는 밭이며 개돼지를 키우는 우리가 있었다. 각기 정치함이 극에 이른 듯이 보였다. 이 선중에 사람이 몇백 명이나 되는지 알 도리가 없었고, 실려 있는 기계가 무슨 물건인지 짐작할 수도 없었다. 우리들이 수색하려고 했으나 저들은 단호히 접근마저 거부했다. 그때 본고을 방주인坊主人인정갑鄭甲이 따라갔는데, 그가 쓴 포립布笠이 아주 잘 만들어진 물건이었다. 저들이 그 모자를 보여 달라고 청해 벗어 주었다. 저들은 머리에 써 보기도 하고 만져 보기도 하며 무어라고 새소리처럼 지껄이더니, 담배와 칼 등속을 던져 주며 바꾸자고 요구했다. 정갑은 거절해 받지 않고 손으로 목을 자르는 모양을 지어 보였다. 저들은 던졌던 물건들을 도로 거두면서 우리를 향해 세 번 머리를 조아리고 세 번 합장해서 예를 표하듯이 하고는 드디어 그 모자를 빼앗아 가서 끝내 돌려주지 않았다."

그 선박은 어느 날 돛을 펼치고 나는 듯이 떠났는데, 제주도의 동쪽 바다 명월포明月浦 앞에서 다시 또 여러 날 정박하다가 어딘가로 사라졌다는 것이다.[8]

이 선박의 정체는 어떤 것인가? 『운곡만필』을 인용한 『비어고』의 편자는 남포(충청남도 서천군 해상)에서 문제를 일으킨 영국 선박으로 인정하고 있다. 이 사건은 19세기 대영제국이 동아시아로 진출하는 과정에서 노출된 사건이었다.

19세기 초 영국은 산업혁명을 성공하고 나폴레옹을 제압하면서 지구상의 패권 국가로 등장한다. '지리상의 발견'이란 시대를 마감하고 제국주의 시대로 전환하기 직전이었다. 1816년에 영국은 애머스트 경Lord Amherst을 중국의 북경에 파견해 통상을 교섭(이 교섭 사절단은 청국 황제에게 박대를 당하고 추방되었음)하는 한편, 선단의 일부를 한반도 해역으로 돌려서 지도·해도를 작성하는 탐사 작업을 벌였다. 한반도에 접근한 리라호 선장인 홀Basil Hall(1788~1844)과 알세스트호의 승선 의사인 맥

레오드John Mcleod가 각기 여행기를 남겼다. 이강회의 기록에 포착된 선박이 바로 이 영국 군함이었던 것은 확실해 보인다. 이 함대는 조선 사람의 시야에서 사라진 이후 오키나와로 항해해 탐사 활동을 계속했다고 한다. 알세스트호는 귀환 도중 수마트라 해안에서 조난을 당했다는 후일담이 있다. 한반도에 의도적으로 접근한 영국 군함은 한반도를 엿보는 데 뜻이 있었다고 하겠다.

이강회의 기록에 묘사된 저들은 그야말로 '비우호적 방문객'*이다. 얕잡아 본 것은 대소의 형세상으로 있을 수 있다 할지 모르겠으나, 주인에 대해 우롱하는 행동까지 서슴지 않았다. 홀의 여행기에서도 한국 해안의 항해는 별 성과를 얻지 못했는데, 적절한 준비가 없어 의사소통이 불가능했던 것이 요인의 하나라고 고백한 것이다.[9]

---

* "비우호적 방문객'은 임마누엘 칸트의 『영원한 평화를 위하여』에서 따온 말이다. 칸트는 "우호(손님으로서의 대우)란 한 이방인이 낯선 땅에 도착했을 때, 적으로 간주되지 않을 권리를 뜻한다"〔이한구 역(서광사, 1992), 36쪽〕고 했다. 이역의 방문객 또한 그 지역과 주민에게 우호적이야 한다고 주장하면서 서구인들이 지구의 각처에서 벌인 폭력적인 행위를 자연법의 논리에 의거해서 비판한 바 있다.

6

실학과 해양

『주관연의』와 해양으로 향한 학지

이강회는 자기 학문의 중심을 『주례』에 두고 있었다. 그는 『주관연의』를 저술하는 한편, '해양으로 향한 학지'에 열을 올리고 있었다. 그 자신의 기술공학적 추구가 『주례』와 어떤 상관성이 있을까? 「선설」·「차설」을 그는 경세의 과제로 제기했다는 점을 유의할 필요가 있다. '국가의 대정大政'으로 인식한 것이다.

"수레를 제작해서 육상에 통행하고 배를 제작해서 수상에 통행하도록 한 이 모두 성인의 제작에 속한 것이었다. 주거舟車의 이로움은 성인이 천하를 구제한 방도였다. 아타깝다, 동관冬官 1편이 없어져 전하지 않다니! 오직 수습·보완 해서 겨우 거여車輿·주박舟船의 제도에 근접했으나 그 방불한 정도나마 얻었다 하랴!"

「선설」船說의 서두

인류 문명의 출발을 오로지 성인의 고유한 공능功能으로 사유하고 있음을 보여주고 있다. 철저히 상고주의에 입각한 태도다. 유자儒者들이 이상적 국가 설계도로 상정했던 『주례』라는 책에서 '동관'은 토목·건축 등 공학 분야를 기술한 편목이다. 그런데 이 「동관편」이 일실되어 「고공기」考工記로 대체시켜 놓았다고 한다. 따라서 기술공학 분야는 성인의 본뜻이 후세에 온전히 전하지 못하게 되었다고 본다. 자신의 「선설」·「차설」의 저술은 결손된 성인의 제작을 복원하는 의미를 갖는 것으로 생각하고 있다. 위 인용문은 『주례』의 '원형'으로 돌아가려는 간절한 의지를 표명한 것이다.

다산의 국가 개혁론에서 이상적 모델은 『주례』에서 찾고 있었다. 『경세유표』가 『주례』의 패러다임을 가져온 것은 이 때문이다. 『목민심서』에서도 『주례』를 자주 원용하고 있다. 다산은 평생 경학에 치력해 여러 경전의 주해 작업을 수행했고, 이렇듯 『주례』를 중시했음에도 정작 『주례』의 주석 작업에는 손쓰지 못했다.[10] 선생님의 미해결 과제를 제자가 맡아서 수행한 것이다. 『주관연의』가 그것이다. 그런데 대단히 유감스럽게도 『주관연의』는 발견이 되지 않고 있다. 『주관연의』를 보지 못하는 상태에서 여기서 제기한 논의를 더 이상 구체화하기는 어렵다. 다만, 이강회 스스로 자신의 학지는 『주례』에 근본한다고 사고했음은 분명히 확인할 수 있다.

실학과 해양으로의 학지

실학은 서세동점이란 세계사적 조류에 대한 사상적 각성의 산물이라는 것이 나의 지론이다. 한국을 포함해서 동아시아의 '근대'는 '서양발'의 영향을 부인할 수 없지만, 수동적·정태적으로 이루어진 것만은 아니다. '서양발'의 충격, 강요된 변화에 주체적 대응의 측면을 함께 읽어야 한다는 생각이다. 이러한 관점에서 실학을 해석할 때 역사적 배경 속에서 갈등과 창조의 생생한 육체가 드러나며, 실학의 세계사적 의미 또한 해명될 수 있을 것이다.

'서세'는 바다로 들어왔다. 해양으로의 학지는 서세에 대응하는 필수 요건으로 보아야 할 것이다. 따라서 실학의 '해양으로 학지의 열림'은 긴요하고도 당연한 학문 공작이었다고 하겠다. 다산은 군사학 분야의 저술인 『민보의』民堡議*에서 "나는 바닷가에 살게 된 것이 지금 12년이다. 바다의 일들을 자못 익숙히 알게 되었다"고 말한다. 자신이 원하지 않았던 바닷가의 삶이지만 해양으로 시야를 확장하는 계기가 되었다. 다산의 저술 곳곳에서 해양에 대한 관심을 엿볼 수 있거니와, 이 방면에서 이강회의 행보와 저술은 단연 돋보인다.

---

* 『민보의』는 다산이 강진 귀양살이 12년 되던 무렵에 지은 책임.

이강회의 실학사적 위상

이 주제는 바로 위 논의의 연장선에 놓여 있다. 이강회는 요컨대 해양으로 향한 학지에서 괄목할 업적을 이루어 다산학의 계승자로 위치가 뚜렷해진 것이다. 실학의 핵심적 성격과 직결된 방향에서 독보적인 성과를 남겼다는 점에서는 한국 실학사에서 그의 위치 역시 뚜렷하다.

이강회는 다산학단과 다른 유파인 연암 그룹의 이용후생학利用厚生學에 비상한 관심과 조예를 가지고 있었다. 박지원의 『열하일기』와 박제가의 『북학의』를 특히 높이 평가한 터였다. 연암 그룹의 이용후생학을 포괄, 종합해 실학을 집대성한 존재가 정약용인데, 그 발전적 계승자로서 이강회를 손꼽을 수 있다.

이강회가 추구한 학문 세계는 시간상으로 고대적 복귀, 공간상으로 지구적 개방 그것이었다.

주

1 임형택, 「丁若鏞의 강진 유배기의 교육 활동과 그 성과」, 『한국한문학연구』 제21집(한국한문학회, 1998); 『실사구시의 한국학』(창비, 2000), 429쪽.

2 안대회 교수가 『문헌과 해석』 2002년 가을호에 「송정사의」(松政私議)를 번역에 해설을 붙여 소개한 바 있다.

3 丁若鏞, 「答仲氏」. "紘父自科還發憤, 歸身於經禮之學. 爲其所困, 不得不著鬉鬛而臨之." (『與猶堂全書』 詩文集 권20 장29)

4 朴趾源, 「與仲存」. "大抵我東使价, 雖歲入燕京, 乃天下一隅之地也. …… 今此邦益之漂海, 貫穿閩越, 萬里無梗, 則足可徵四海之寧謐, 快破我東之群疑. 此其功, 固賢於一介使矣." (「燕巖先生簡帖」) 이 자료는 서울대학교 박물관 소장품으로, 박희병 교수에 의해 『고추장 작은 단지를 보내니』(돌베개, 2005)라는 제목으로 정리, 간행된 바 있다.

5 「雲谷船說」. "今年秋, 有漂船來泊青山苫(在康津), 吾友李晴往審之. 船人八十四人各置房, 房在中層."

6 金正喜, 「與權彝齋 敦仁 三十二」, 『阮堂全集』 권3 장34.

7 「相贊契始末」, 『耽羅職方說』 권2. "數十年前, 外人之商於濟者, 每獲十伯之利矣. 近之不能如此者, 蓋由此也. 若自國營造數百艘, 立法如番舶之爲設市於達梁之府, 禁私商之法, 非但彼隊不得售奸, 在國家顧有愈於白骨之括布, 顧有愈於殘佃之括粟矣. 弘羊安石雖云言利之小人, 其志蓋本於賦不欲橫出·稅不欲橫徵也, 寧不恨哉!"

8 여기에 참고로 전문을 제시해 둔다. "雲谷漫筆云, 叨哈島者, 珍島郡泉島之屬島也, 在濟

州西北, 泉島之外洋, 波濤最險. 嘉慶丙子七月, 有八桅大舶, 來止于叨哈之前洋, 船周可四里, 從船小艓, 或三或四, 或五或六, 藏在大船之腹, 或吐行汊港之口, 或放大礮, 聲震天地, 煙焰漲天, 或耀長劍, 刃光炫日, 作屠戮狀. 島人皆空室而匿. 於是掠鷄犬牛畜, 而他物不取, 亦不害人. 泉島風憲, 令諸島領將及從行數十人, 乘島中最大船可載三百苫者, 往之彼船, 欲問情形. 及至我船之桅竿上端, 僅齊彼之舷, 仰望若泰山, 莫可登攀. 忽自彼船, 下一長梯可十餘丈, 又下鐵纜數十丈, 兩船鉤連, 以安梯板. 我人始升觀其面貌, 無異我邦, 頭着帽如覆熨斗, 衣服或毛布或錦段. 言語文字俱不可通. 船中, 區劃間架, 無慮數百, 一邊安冶鍊鐵, 一邊引鋸造船, 菘芋之田, 犬豕之柵, 各極精緻. 船中人數, 不知幾百, 所藏器械, 不知何物, 我人欲搜見, 抵死拒之. 時本郡坊主人鄭甲亦隨行, 所著布笠精細, 彼人請翫. 於是脫而與之. 其人或著或摩, 作鳥噪聲, 因以煙茶寶刀數種物投之, 要與交易. 鄭甲辭不受, 以手指項作斬首狀以示之. 其人還受投物, 向我三叩頭三合掌, 作拜禮, 遂奪其笠, 終不得還. 地方官及水虞候譯官未及渡海, 島人惟令領將等四五人守直於我船中. 一日無呼邪伊阿之聲, 而八桅帆布, 一瞬齊張, 船已飛十餘里矣. 我船及彼小艓子, 同曳以去, 我人相扶痛哭, 彼人相顧噪喧, 收其鐵纜及梯板, 解送我船. 其小艓子皆鉤而上之, 盡載于大舶. 須臾向濟州東洋明月浦前, 植立數日, 不知所向. 發梅島, 亦泉島之屬島也. 從兄(李德會, 원주)在發梅島, 目見此事, 歸以言之."(「暎咭唎說」, 『備禦考』)

9 2005년 9월에 '여행기 속의 한국'이란 주제의 심포지엄을 가졌던바, 본고도 원래 이때 발표한 것이었다. 그 자리에서 영국 셰필드대학의 그레이슨(James H. Grayson) 교수가 「영국 해군 장교의 1816년 동아시아 항해기」(A British Naval Officer's Account of Travels in the Seas of Eastern Asia in 1816)를 발표했는데, 다름 아닌 리라호 선장 홀(Hall)의 여행기를 중심으로 다룬 내용이었다. 이 보고 논문을 통해서 당시 우리 해역에 접근한 영국 측의 행적과 입장을 살펴볼 수 있었다. 이 학술회의에서 발표된 논문들은 『대동문화연구』 56(2006)에 수록되어 있다.

10 다산은 『주례』에 대해 "옛날에도 의심하는 학자들이 있었으나 학식이 천박해서다"고 지적한 다음, 정현(鄭玄)의 『주례』 주 또한 10의 6, 7이나 오류가 있다고 하면서, 자기가 병 없이 오래 살면 반드시 전면적인 주석 작업을 하겠노라고 다짐한 바 있었다. (「答仲氏」, 『與猶堂全書』 詩文集 권20 장15. "周禮, 古人亦多不信者, 皆淺學也. …… 鄭玄之

注, 十誤六七, 而先儒信之可恨也. 我若無病久生, 則欲全注周禮, 而朝露之命不知何時歸化, 不敢生意. 然心以爲三代之治, 苟欲復之, 非此書無可著手.")

5장

최한기의 기학(氣學)

근대 대응의 논리

I

기학(氣學)의 시대성

1803년 혜강惠岡 최한기崔漢綺(1803~1877)가 탄생한 시기에 다산茶山 정약용丁若鏞은 유배지 강진에서 학문 연구에 몰두하고 있었다. 귀양살이의 외로움과 괴로움을 인내하며 이룩한 다산의 위대한 학문 체계는 경학이 중심을 이룬다.

1836년 다산이 75세로 생애를 마친 그해에 혜강은 34세의 청장년으로 중국의 베이징北京에서 『신기통』神氣通과 『추측록』推測錄을 간행해 자기 학문의 방향을 정립했다. 그리하여 혜강은 75세로 1877년(개항 이듬해) 세상을 떠날 때까지 저술을 끊임없이 하는데, 『기학』氣學과 『인정』人政이 그의 주저로 손꼽힌다.

최한기의 학문 세계는 문文·사史·철哲의 종합적인 동양학의 틀에서 머물지 않고, 물리·천문·지리에서 의학 등으로 펼쳐진 광활한 영

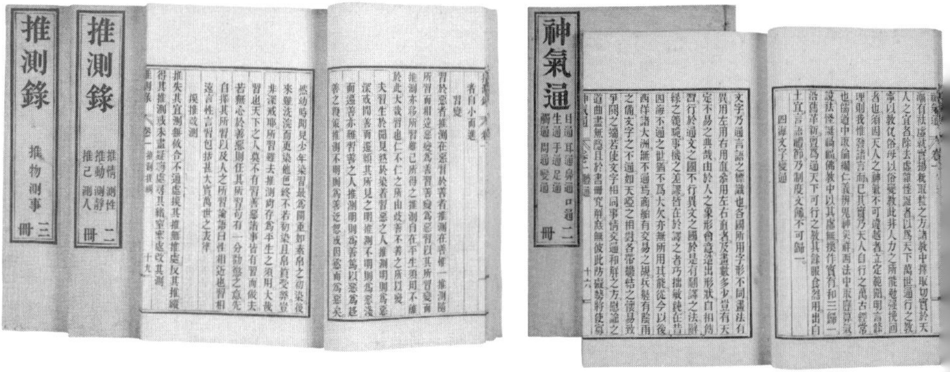

ⓒ황헌

『추측록』 6권 3책(왼쪽) 『신기통』 3권 2책(오른쪽) 최한기의 젊은 시절의 저술. 모두 중국의 북경 정양문내(正陽門内) 인화당(仁和堂)에서 간행한 것이다.

역인바 그 전체는 기학氣學이란 개념으로 이름 붙일 수 있는 성질이다. 그의 학문의 총체에서 기氣는 언제고 어디고 핵이다. 기학은 그의 학문의 새로운 패러다임이었다. 장차 동서가 하나로 통하는 시대를 대면해서 최한기는 기학으로 동양학과 서양학을 회통會通해 학문의 총체를 구도한 것으로 볼 수 있다.

19세기 한국의 위대한 두 학자—정약용과 최한기는 때마침 밀어닥친 서세西勢·서학西學에 대한 학적 대응의 산물로서 한편이 경학으로 학문 체계를 세웠다면, 다른 한편은 기학으로 체계를 세운 것이다.

그렇다 해서 내가 지금 경학의 다산학과 기학의 혜강학을 오로지 서세·서학에 대응하기 위해서 구축된 것으로 단정하거나, 양자의 의미를 그 방향으로 한정시키려는 의도를 가지고 있는 것은 물론 아니

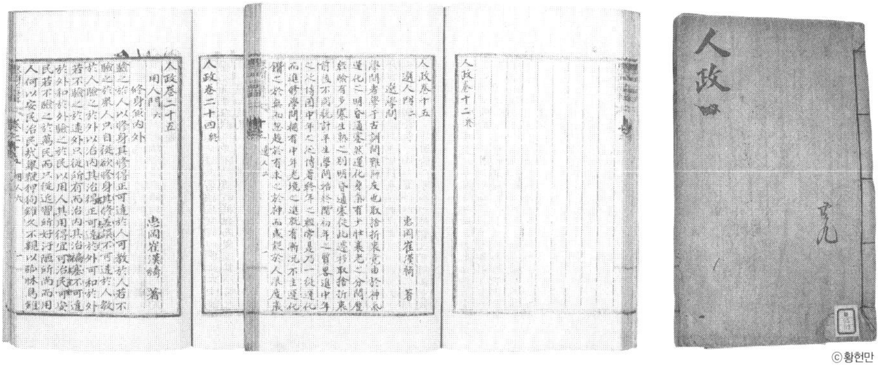

ⓒ황현만

『인정』 15권 25책. 혜강학의 사회적 실천을 내용으로 한 저술. 정치 행정 전반에 대한 체계적 개혁안.

다. 학술 문화의 발전 과정상에서 파악하는 것이 당연한데, 기본적으로 당시 사회 내부에서 발생한 여러 문제와 관련해서 고찰해야 할 것임은 말할 나위 없다. 다만 우리의 시야를 안에만 붙잡아 두지 말고 밖으로도 돌릴 필요가 있다는 생각이다.

우리가 경험한 '근대'는 서구 주도로 전개되어 오늘에 이르렀다. '서세'의 측면이 주도적 요인으로 작동해 왔다고 말해도 지나친 것은 아닐 듯싶다. 그것은 부인하기 어려운 객관적 사실이었을 뿐 아니라, 오늘의 현실이 또한 그렇지 않은가. 무릇 인식론상에서 '안'과 '밖'은 함께 살피지 않으면 안 되는 양면이다. 바야흐로 밀어닥친 서세·서학에 어떻게 대응했던가 하는 측면에 주시할 필요가 있음이 물론이다.

1876년의 개항을 어떻게 볼 것인가? 개항은 우리에게 민족적 재난

이어서 그 상흔이 21세기인 지금까지도 치유되지 못한 상태라고 말할 수 있다. 실로 그런 가운데서 우리들은 살아왔다. 현재 한국의 사회제도·문화 양식이 성립한 계기를 찾아서 올라가면 거의 예외 없이 개항에 닿는다. 방금 우리가 경험한 근대를 서구 주도의 근대라고 규정한 것은 이 때문이다.

그런데 우리는 서세가 밀려듦에 따라 지구적으로 소통하게 된 시대 앞에서 팔짱만 끼고 앉았었고, 근대 대응을 위한 어떤 주체적이고 적극적인 노력은 찾아볼 수 없었던가? 그렇지 않았다는 것이 나의 기본 논점이다. 개항으로 진행하는 시점에서 하나의 학문 체계를 수립한 최한기의 기학을 특히 주목하는 뜻은 바로 여기에 있다.

참고

최한기의 생애·저술 연표

- 1803년(순조 3) | 서울에서 출생. 자: 지로(芝老), 호: 혜강(惠岡), 패동(浿東), 명남루(明南樓)
- 이때 다산(茶山)은 유배지 강진에 있으면서 저술 활동.
- 1825년(순조 25, 23세) | 생원시 합격
- 1836년(헌종 2, 34세) | 『신기통』(神氣通)과 『추측록』(推測錄) 간행〔북경(北京), 정양문내(正陽門內) 인화당(仁和堂)〕
- 다산 서거
- 1857년(철종 8, 55세) | 『기학』(氣學) 완성
  『지구전요』(地球典要) 13권 7책
  『우주책』(宇宙策) 12권 6책
- 1860년(철종 11, 58세) | 『인정』(人政) 25권 12책
- 1866년(고종 3, 64세) | 『신기천험』(身機踐驗) 8권
  서재 이름을 명남루(明南樓)라고 함.
- 병인양요
- 1876년 | 강화도조약, 개항
- 1877년(고종 14, 75세) | 서거
  묘소는 개성 동면 적전리 선영에 있음.
- 1971년 『명남루총서』(明南樓叢書)_(성균관대학교 대동문화연구원 편찬 간행)
- 2002년 『증보 명남루총서』 편찬 간행

※ 『명남루총서』의 편찬 경위

최한기는 일생의 학문 저술 활동을 통해서 방대한 책을 남겼다. 『신기통』과 『추측록』이 첫 저서로, 베이징에서 간행된 것을 제외하고는 모두 햇빛을 보지 못한 채 필사본 상태로 흩어지고 말았다. 이들을 전부 수합해 편찬하는 사업은 최근에 『명남루총서』, 그리고 다시 『증보 명남루총서』로 이루어졌다.

2

최한기의 독서벽과 저술의 의미

최한기의 전기적 기록으로는 영재寧齋 이건창李建昌(1852~1898)이 지은 「혜강최공전」惠岡崔公傳이 유일한 것이다. 최한기라는 인간의 면모를 전해 준 귀중한 기록인데, 그의 독서벽에 대해서 이렇게 묘사하고 있다.

"집이 본래 부유해 좋은 책이 있는 줄을 알면 돈을 아끼지 않고 구입해서 읽은 다음 시일이 지나면 헐값에 팔았다. 이 때문에 국중國中의 서쾌書儈(서적 중개상-인용자. 이하 같음)들이 다투어 와서 책을 사갔다. 연경燕京 서점의 신간서들이 동국東國으로 들어왔다 하면 혜강의 열람을 거치지 않은 것이 없었다. 누군가 서적을 구하는 데 돈을 많이 쓴다고 탓하자 혜강은 이렇게 대답했다 한다.

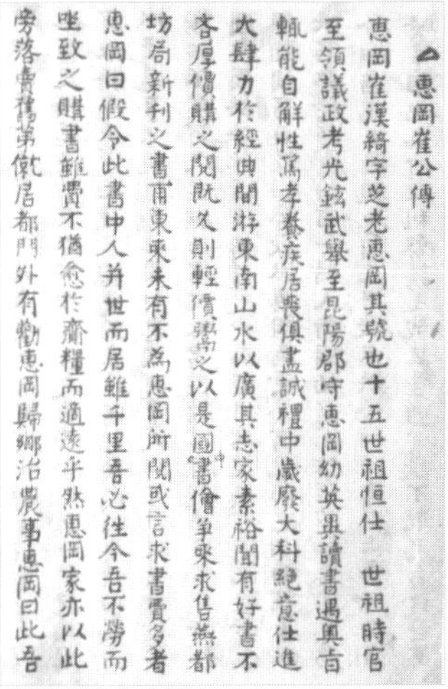
惠岡崔公傳
惠岡崔漢綺字芝老惠岡其號也十五世祖恒仕　世祖時官
至領議政考光鉉武擧至昆陽郡守惠岡幼英異讀書過輿旨
輒能自解性篤孝養疾居喪俱盡誠禮中歲廢大科絕意仕進
大肆力於經典間游東南山水以廣其志家素裕聞有好書不
吝厚價購之閱既久則輕價鬻之以是國中書儈爭來求售燕都
坊局新刊之書甫東來未有不爲惠岡所閱或言求書費多者
惠岡曰假令此書中人并世而居雖千里吾必往今吾不勞而
坐致之購書雖費不猶愈於齎糧而適遠乎然惠岡家亦以此
旁落貴舊第僦居都門外有勸惠岡歸鄉治農事惠岡曰此吾

「혜강최공전」

‘가령 이 책 가운데 사람이 동시대에 사는 경우 나는 천릿길이라도 가서 만나고야 말 것이다. 지금 나는 노고를 하지 않고 앉아서 그 사람을 만나고 있다. 책을 구입하는 데 비용이 아무리 많이 들더라도 양식을 짊어지고 멀리 찾아가는 것보다야 훨씬 낫지 않은가.’”

「혜강최공전」

최한기는 마치 미지의 세계를 향해서 끊임없이 달리듯 지식의 세계를 추구해 나갔다. 그래서 새로운 책을 구입하느라 자기 집의 부유한 재산을 아낌없이 썼다는 것이다. 마침내 가산이 바닥나자 계속 책을 구해 보기 위해 이미 읽은 책은 팔아 치웠다고 한다. 새로운 지식의 광맥을 찾아서 그칠 줄 모르는 탐색의 자세를 보인 것이다. 그 자신이 직접 술회한 가운데서도 “나를 이해하지 못하는 자들은 서적에 혹해서 고질병이 되었다고 하지만, 나를 이해하는 사람들 중에는 책을 구해 읽을 수 있도록 협력해 스스로 그만두지 않는 이도 있다”[1]고 말했다.

최한기가 이렇듯 지칠 줄 모르고 구입해 읽은 서적은 어떤 종류였을까? “나라의 원근, 사람의 귀천은 물을 것 없이 담긴 내용을 취택하되 홀로 나의 마음에 좋은 것만 위주로 하는 것이 아니요, 실로 우내宇內의 현자 지성〔賢知〕들이 공히 열락悅樂한바 천지기화天地氣化의 동일한 범주의 것들을 취한다.”[2] 그가 주장했던바 세계 보편의 도리를 성취하기 위한 것이었다. 이 대목에서 유의할 점이 있다. 그의 관심은 현재에 가까울수록 증가되고 있다는 사실이다.

> “전대前代의 서적에서 미처 밝혀지지 못한 기화氣化의 문제가 다음 대의 서적에서 더 밝혀지고, 다음 대의 서적에서 미처 밝혀지지 못한 것이 오늘의 서적에서 다시 더 밝혀지기도 한다. 현시대의 서적을 목마르게 구하는 심정은 앞 시대의 서적을 구하고 싶었던 때보다도 배나 더한 것이다. 지금 반쯤의 형形은 드러나고 반쯤의 형形은 드러나지 않은 까닭이다.”
>
> 「무론국지원근조」無論國之遠近條, 『명남루수록』明南樓隨錄

인간의 경험이 확대되고 실험·관측이 진보함을 따라서 옛사람들의 무지와 오류를 바로잡고 부족했던 부분을 보충하는 것으로 최한기는 생각하고 있다. 지식의 진보를 확신한 때문이다. 그래서 앞의 서적에서 뒤의 서적으로 관심이 계속 옮겨 가게 된다. 그런데 그는 자신이 처한 현시점을 '기화氣化의 형形'이 반쯤 드러나고 반쯤 가려진 상태로 인식하고 있다. 그의 용어로 표현하면 '물리 개명'의 고비다. 어둠이 아직 채 가시지 않은, 동이 터 오는 새벽이다. 때문에 신지식의 광맥을 파고드는 욕구는 더욱더 치열했으니, 그의 치열한 독서욕은 다름 아닌 '지식욕' 그것이었다.

최한기는 인간이 성취한 위업으로서 사무 공덕事務功德과 저술 공덕著述功德을 설정하고 있다. '사무'란 혜강학의 독특한 용어다. 이 '사무 공덕'은 만인이 다 보고 아는 것임에 대해 '저술 공덕'은 현자로서 투철한 식견을 가진 자라야 알 수 있다고 말한다. 동양 전래의 관념인 도덕·공업功業·문장文章의 삼불후三不朽를 변형시킨 구도인데, 사무와 저술 양자는 상대적 개념으로서 서로 분리될 수 없는 관계라고 한다. 저술은 이론 작업에 해당하고, 사무는 저술이 실현되는 형태로 본 것이다. 저술이 발휘하는 공덕을 그는 이렇게 그려내고 있다.

> "태양이 바다에서 솟아올라 뜨거운 빛이 사해만방에 두루 펼치는 듯, 단비가 때맞춰 내려서 산천초목을 윤택하게 자라도록 하는 듯하니, '문'文이 여기서 드러나고 기氣는 저기서 호응하며, '장'章은 아름답게 빛을 발해 광채가 멀리멀리 비치게 된다. 이리하여 공功은 만물에 벌써 나타나며, 덕德은 만민에 저절로 발현될 것이다."
>
> 「사무지공덕조」事務之功德條, 『명남루수록』

저술이 인류와 우주에 미칠 공덕의 극대치를 묘사한 내용이다. 삼불후의 하나인 문장의 개념을 여기서는 그 본뜻을 취해 저술의 위대한 성과를 수식하는 데 사용하고 있다. 또한 '사무'는 삼불후의 공업에 해당할 터인데, 당초 저술과 공업으로 분리시키지 않으려는 의도를 가지고 사무 공덕과 저술 공덕을 상대 개념으로 표출한 것이 아닌가 한다. 한편 삼불후라 할 때, 첫 번째로 손꼽히는 도덕에 대해서는 추상적인 독존獨尊을 부정하고 만민의 소망에 부응해야 하는 것으로 말하고 있다.*

위 인용문에서 최한기는 저술 공덕을 바다의 일출 광경에 비유하고 있다. 연암 박지원은 총석정에서 바라본 일출의 장관을 문명의 상징으로 감명 깊게 표출한 바 있거니와,[3] 최한기는 천지의 어둠을 뚫고 솟아올라서 찬란하게 온 누리를 비추는 태양, 그것을 저술 공덕의 위대한 현상으로 비유한 것이다.

여기서 계몽적인 '근대 주체'를 상정해 볼 수 있겠다. 그는 "진정한 부귀는 자기의 한 몸에서 길러지는바 항상 넉넉함을 가져서 정교政敎에 시행해도 부족함이 없다" 했는데, 자기 몸에서 길러지는 그것은 다름 아닌 저술이다. "언어로 전하면 가까이 있는 사람들이 그 혜택에 기뻐하는 데 그치지만, 문자로 표현하면 먼 나라 사람들까지 즐겨 취

---

* "도덕 공업(功業)이 만민의 큰 원망(願望)에 부합하지 않으면 무한한 흠모를 받을 수 없으며, 지행(志行)·재술(才術)이 시속의 흐름으로부터 초탈하지 않고서야 어떻게 출중한 학문을 이룰 수 있겠는가. 대개 도덕 공업은 본디 형체가 없고 인중사무(人衆事務)에 통섭되는 것이다."〔「道德功業條」, 『明南樓隨錄』(『增補 明南樓叢書』 5, 대동문화연구원), 310쪽〕

해 쓸 수 있다"고 그는 역설한 것이다. 그리고 "세상에 학문하는 사람은 많으나 이 부귀를 아는 자 드물며, 이 부귀를 얻은 자 몇 안 된다"고 안타까워했다.* 그 자신은, 아는 자 드물고 얻은 자 몇 안 되는 이 부귀–저술 공덕에 자신의 전 생애를 바쳤던 터였다. 그렇게 해서 이룩한 것이 바로 혜강학–기학이다.

최남선崔南善(1890~1957)은 『조선상식문답』朝鮮常識問答이란 책에서 우리나라의 저술가로서 최고 기록을 세운 것은 혜강 최한기의 『명남루집』明南樓集 1000권이라고 했다. 1000권이란 수치가 사실에 어느 정도 근접하는지 지금으로선 확인할 길이 없으나, 최근에 수집·편찬된 『증보 명남루총서』 전 5책을 혜강학의 성과로 보아도 좋을 것이다. 최남선은 또 최한기 저술의 성격에 관련해서는 "신구학을 구통溝通(회통의 뜻)한 그 내용도 퍽 자미있는 것"이라는 언급을 하고 있다.**4 '신구학'의 '신'은 주로 서양학을 수용한 부분을 지칭한 것으로 추정된다. 최남선 역시 혜강학을 동서 학문의 회통으로 인지한 것이다.

---

* "진정한 부귀는 자기 한 몸에서 양성되는 것이지만 항시 남음이 있다. 그것(진정한 부귀)은 베풀면 부족함이 없고 언어로 전하면 가까이 있는 사람들만 그 혜택에 기뻐하는데, 문자로 표현하면 먼 나라 사람들까지 즐겨 취해 쓸 수 있다. 세상에 학문하는 사람은 많으나 이 부귀를 아는 자 아주 드물며, 이 부귀를 얻은 자는 얼마 되지 않고, 이 부귀를 즐기는 자는 거의 들어 보지 못했다."〔「尊卑貴賤條」, 『明南樓隨錄』(위의 책), 314쪽〕

** "그 최대한 것은 최한기(惠岡)의 『명남루집』 1000권이니 아마 이것이 진역(震域) 저술상의 최고 기록이요, 또 신구학을 구통한 그 내용도 퍽 자미있는 것이지만은, 다만 그 대부분이 미간(未刊)으로 있고 원본조차 사방에 산재해 장차 어떻게 될지 모르는 상태에 있음은 진실로 딱한 일입니다."

최남선이 남긴 이 기록은 증언으로서 주목할 내용이다. 최남선은 혜강과 같은 서울 사람인데다 생존의 시차가 많이 나지 않는다. 혜강에 대해 직접 견문을 가진 서울의 고로들로부터 최남선이 들어서 기록한 것으로 추정된다. 최남선의 이 증언에서 첫째, 혜강을 '신구학의 구통', 즉 동서 학문을 회통한 것으로 인식했다는 사실이다. 둘째, 1000권으로 일컬어진 혜강의 저술이 지난 20세기 중반에 이르기까지 실종된 상태로 있었다는 사실이다. 혜강의 방대한 저술들이 흩어져서 "어떻게 될지 모르는 상태"라고 최남선이 몹시 안타까워했던 것이다. 그런 상태로 있었던 것이 지난 1960년대에 혜강에 대한 학계의 관심이 일어나 1970년대에 이르러 드디어 『명남루총서』로 편찬·출판된 것은 큰 다행이라 하겠다.

3

다산 경학에 견주어 본 혜강 기학의 성격

혜강은 '저술 공덕'을 더없이 중시했던 만큼 학문론에 해당하는 발언을 자주 했다. "학문이 사무에 있으면 실實 학문이 되고 사무에 있지 않으면 허虛 학문이 된다"(『승순사무서』承順事務序)는 주장을 하고 있다. 여기서 '사무'란 지금 쓰이는 '사무'란 말과 전혀 다른 것은 아닌 듯하지만 포괄적이면서 철학적 의미를 함축한 용어다. 인간 사회에서 필요한 일체를 일컬어 '인생 사무'人生事務라고 한 것이다. 요는 기학의 실천적 방향으로서 혜강학의 핵심 개념의 하나다. 학문은 오직 사무와 관련해서 '실학문', 즉 '실학'이 된다는 주장을 그는 하고 있다. 우리가 혜강학을 실학으로 규정지을 수 있는 확실한 증거라고 하겠다.

다산의 경우 도道를 규정해 "여기서부터 저기에 가는 길"自此之彼之路(『중용자잠』中庸自箴)이라고 했다. 도란 선험적인 당위의 도리가 아닌,

'죽을 때까지 스스로 밟아 감'으로써 이루어지는 실천의 길인 것이다. 다산학의 도는 혜강학의 '사무'와 '실천적'이라는 면에서 상통한다고 보겠다. 다산학과 혜강학의 성격은 실학으로서의 공통점을 지니고 있다. 그럼에도 양자는 이론 구성의 틀이 벌써 다르다. 상호간의 패러다임의 차이는 무엇보다도 천관天觀에서 비롯된 것으로 생각된다.

다산의 천관은, 학계에서 공인하듯 전지전능의 인격신적 존재로서 상제上帝를 떠올린 것이다. "천지에 귀신이 환히 펼쳐 있고 삼삼이 늘어서 있는데, 지존 지대한 존재는 곧 상제입니다"(『중용강의』中庸講義)라고 그는 관심을 일깨우고 있다. 천지의 사이에서 최고의 신격인 천=상제는 우리 인간을 내려다보고 감시하는 '강감'降監, 잘못을 다스리는 '위벌'威罰의 권능을 행사하고 계시는 것으로 생각한 때문이다. 이 천관에 의거해서 다산은 그의 독특한 신독론愼獨論을 편다.

'신독'이란 홀로일 때 조심하라는 뜻이다. 즉 남의 시선에 띄거나 세상에 알려지지 않을 은밀한 상태에서 처신과 행동을 조금도 부끄럽지 않게 하라는 유교적 수양론의 중심 개념이다. '신독'의 해석에서 초점은 아무도 보지 않고 들킬 염려도 없는데 무엇 때문에 조심조심해야 하느냐는 것이다.

이 의문점에 대한 다산의 답변은, 요컨대 세상=인간의 눈은 피할 수 있다 하더라도 '하느님'의 감시망을 벗어날 수 없기 때문이라는 논법이다. "군자가 어두운 방 가운데서도 전전율율戰戰慄慄(겁을 내어 덜덜 떠는 모양)해 감히 악을 행하지 못하는 이유는 상제가 내 앞에 다다라 있는 줄을 알기 때문이다."(『중용자잠』)

이러한 다산의 신독론은 주자朱子의 해석과 엄중하게 배치된다. 주자는 인간 내면에 암세포처럼 잠복해 있는 '악의 요소'를 미연에 제거하는 자기 억제책으로 '신독'을 해석한 것이다. '악의 요소'란 다름 아닌 '인욕'人慾이다. 인간은 본연의 착한 마음을 타고났지만 기질적인 인욕이 악을 키울 개연성을 다분히 갖고 있으므로 남의 눈에 띄지 않는 은미한 상태에서 미리 스스로 절제토록 하는 것이 꼭 필요한데, 그 방법론이 다름 아닌 '신독'이라는 생각이다. 주자에게 있어서 신독의 논리는 처음부터 인욕을 자제하고 천리天理=이성을 준수해 잠시라도 도道(당위의 도리)를 위배하지 않도록 하는 거기에 주안점이 있다. 이러한 신독의 논리에는 '강감의 천'이란 끼어들 여지조차 없다. 주자의 신독론은 성리학적 패러다임에 의한 것임이 물론이다.

반면에 '강감의 천'을 영입한 다산의 논리는 주자와 전혀 다른 패러다임이다. '인격신적 주재자'를 상정한 다산의 천관은 유교의 경전에 근거하고 있음 또한 두루 지적된 사실이다. 즉 고대의 경전에서 다산은 성리학의 이理로 가려진 천의 원형을 재발견한 셈이다. 그리하여 신독의 의미가 새롭게 해석되고 '실천적 도'가 밝혀질 수 있었다. 다산에게 있어서 '탈성리학'의 귀결처는 경학의 세계였다고 하겠다.

하늘을 섬기는〔事天〕 대상으로 사고한 점에서는 혜강 또한 다산과 마찬가지다. 그러나 천관 자체는 같지 않다. 혜강은 다산이 영입한 '인격신적 주재자'를 인정하지 않고 있다. "활동운화活動運化가 신이 됨을 알지 못하고 문득 천지에 지극한 신의 조화가 있다고 운운하다니, 이는 기氣에 우선해 신이 있다는 것이다"고 여지없이 공박攻駁했다.

혜강은 신이란 다른 무엇이 아니고 '운화의 권능權能'을 가리키므로 "운화의 기가 곧 신이라"(『기학』氣學)고 확신한 것이다. 다산의 경우 절대적인 보편자로서의 '이'理를 추방한 빈자리에 인격신적인 천을 모셔 왔다면, 혜강에 이르러는 인격신적인 천까지 싸잡아 부정해 버린 대신 '기'에다가 일체의 권능을 부여한다. 혜강은 무신론이다. 아니면 창조주로서의 신을 부인한 나머지 자연 자체를 신으로 간주한 스피노자B. Spinoza의 철학과 통한다고 보겠다.

혜강의 경우 다산처럼 먼 옛날의 경전의 권위에 의존할 필요가 사라진 것이다. "오늘의 귀와 눈으로 보고 들은 바와 행동으로 실천한 바로써 기초와 표준을 세우지 않는다면, 부딪치는 곳마다 들뜨고 학문에도 몽매해질 것이다"(『기학』)라고, 회고의 늪에서 빠져나올 것을 종용했던 혜강으로서는 경전의 구절에 집착할 이유가 없어졌고, 성인의 권위로부터 자유로워졌다.

> 성인을 배우는 것은 운화運化를 배우느니만 못하다. 성인은 본디 천天의 운화를 배워서 도학道學을 이루고 천민天民에게 교화를 베풀었다. …… 후세에 성인을 배우려는 자들은 단지 성인의 동정시위動靜施爲(몸가짐과 행실)만을 배우고 그들의 운화승순運化承順은 배우려 하지 않는다. …… 경문經文의 해석에 천착하고 고증 작업으로 지루해, 말류의 폐단은 천도를 해치고 성학聖學을 위배하는 데 이르렀다.
>
> 「용인문」用人門 '사운화'師運化, 『인정』人政

중국 및 한국의 전근대 사회는, 주지하듯 사고와 행동의 기초와 표준을 성인의 경전에서 끌어왔다. 다산 또한 새로운 사고의 논리를 펼치면서도 그 근거를 아무쪼록 경전 위에다 마련하려고 했다. 때문에 다산은 경전 해석에 필생의 노력을 바친 것이다. 반면 혜강은 눈앞에 펼쳐지는 인간의 경험과 지식 바로 여기에다 기초와 표준을 잡아야 할 것으로 확신한다.

혜강의 관점에서 경학은 회고적 천착이요 지리멸렬한 작업과 다름없었다. 드디어는 위 인용문에서처럼 "성인을 배우는 것은 운화를 학습하느니만 못하다"는 선언을 하게 된 것이다. 하지만 성인을 추방하지는 않고 포용하는 방식을 취한다. 본원적으로 성인이란 "천의 운화를 배워서 도학道學을 이루고 천민天民에게 교화를 베푸는" 그런 존재로 규정이 된다. 기학적 성인상像이라고 하겠다. 그런데 천지의 운화는 고금의 차이가 별로 없지만, 운화를 인식하고 활용하는 인간의 능력은 시대의 진행과 함께 날로 발전한다고 혜강은 확신하고 있다. 따라서 혜강에게 있어선 회고적 권위의 성인상은 수긍할 수 없는 것이다.

다산에게 있어서 학문의 길은 탈성리학으로 나가서 경학으로 중심을 잡은 반면, 혜강은 성리학을 해체하고 또 탈경학으로까지 나가서 기학의 신경지를 열었다.

다산 경학에는 '강감의 천'이 있었고, 혜강 기학에는 '운화의 천'이 있었다. '강감의 천'을 사고해서 경학을 중심으로 잡은 다산학과 '운화의 천'을 사고해서 기학이란 신경지를 개척한 혜강학은 기본적 틀이 서로 다른 만큼 양자의 학문이 서로 다르게 전개될밖에 없었다고 보아야 할 것이다.

따지고 보면 천관은 천의 문제가 아니고 인간의 문제다. '강감의 천'을 사고한 다산의 경우 인간은 선善을 좋아하는 품성을 지니고 있긴 하지만 행위하는 인간 앞에는 선과 악의 두 갈래 길이 놓여 있다고 본다. 그것은 '자주지권'自主之權에 속하므로, 우리는 여기서 자율적 인간을 만나게 된다. 그런데 인간 됨됨이가 악으로 가는 길은 내리막처럼 빠져들기 쉬운 반면, 선으로 가는 길은 오르막처럼 나아가기 쉽지 않다는 것이 다산의 생각이다. 이 점을 중요하게 고려한 다산은 자율적 인간 앞에 감시자로서 '강감의 천'을 모셔 와서 실천 주체의 도덕적 확립을 의도한 것이다.

반면에 '운화의 천'을 사고한 혜강학=기학에서는 이와 전혀 다른 인간을 만나게 된다. "성인은 본디 천의 운화를 배워서 도학을 이루고 천민天民에게 교화를 베풀었다"고 한 발언을 앞서 읽었다. '천민'이란 따로 있는 것이 아니고 하늘의 운화 가운데 살아가는 일반 인간이다. 그것은 혜강학의 기학적 인간 개념이다.

다산과 혜강은 서양과 학적 만남의 길이 서로 달랐거니와, 양자의 다른 길은 천관에서 비롯되었다고 말할 수 있다. 다산의 천은 기독교의 천주 개념과 통함을 누구나 느낄 것이다. 천이란 최고 유일의 보편자다. 이런 천의 존재에 대해 서로 다른 세계에서 서로 유사한 관념이 얼마든지 형성될 수 있다. 유가 경전에 나오는 천은 그런 가운데 하나다. 천주교의 상제 개념 역시 보편적인 천관의 한 유형임이 물론이다.

다산이 일시 서학(천주교)에 비상한 관심을 가졌고, 신앙적 태도까지 마음에서 일어났음을 스스로 고백한 바 있다. 이내 곧 서학에 대한 신앙적 태도를 방기했다는 것도 그 스스로 고백한 바다. 그 대신에 유가의 경전으로 돌아온 것이다. 다산은 서양과의 종교적 만남을 내면화해서 보편자 천을 유가의 경전에서 발견한 것으로 볼 수 있다. 앞서 주자가 불교의 형이상학을 유학에 용해시켜서 성리학을 이론화한 것에 대비되는 방식이라 하겠다.

다산에게 있어서 서양과의 종교적 만남이 경학으로 선회한 때문에 개방적 논리를 끌어내기는 어렵게 되었다고 일단 보아야 할 것이다. 다산의 천관은 "천을 도덕적 실천의 담보자로 존립시킨 한편에 과학으로 개척할 길을 연 것이다"고 평가할 수 있으나, 이는 논리적 가능성일 뿐이었다. 반면 혜강의 기학적 사고의 논리는 밖을 향해 무한히 개방적일 수 있었다. 동서가 만나고 소통하게 된 근대적 세계의 입구에서 혜강은 전 지구적 일통을 제기한 것이다. 이는 혜강 기학의 사상적 정점이다.

4

만국일통의 사상과 상업유통적 사고의 논리

혜강은 학문 연구를 통한 저술이 갖는 의미를 태양이 떠올라 세상을 밝게 비추는 현상에 비유한 바 있었다. 그 스스로 학문이 추구해야 할 원대한 목적지로서, 지구상의 모든 나라가 하나로 어울리는 '만국일통', 온 누리에 평화가 깃드는 '우내녕정'宇內寧靖을 잡은 때문에 저술의 의미를 그토록 대단하게 생각한 것이다.

이렇듯 학문 저술의 의미를 위대하게 설정한 그 자체가 사士의 주체적 각성이다. 그는 이르기로 "사는 작위를 얻고 얻지 못하고에 집착할 것이 없으며, 밝게 도가 행해지는 것을 자기 임무로 삼아 저서를 후세에 남겨 천하 사람들이 취해 쓸 날을 기다린다"(「사지덕업조」士之德業條, 『명남루수록』)고 스스로 다짐했다. 그날이 언제일까?

학자가 저서를 하는 취지는 후세에 행해지기를 기다림이니 "어찌 꼭 조만간 자신의 몸과 눈으로 확인하기에 마음이 매달려 있으랴!”(「운화정교조」運化政敎條, 『명남루수록』)고 느긋하게 생각하도록 주의를 주고 있다. 혜강학에서 그날은 가까운 시간표가 아닌 것 같다. “매양 십 년 백 년의 조급한 마음으로 정교政敎가 하나로 돌아가지 못한다고들 걱정하고 있다.”(「지면각국조」地面各國條, 『명남루수록』) 100년 단위도 조급한 기다림으로 간주하고 있는 것이다. ‘만국일통’은 그의 사고의 논리에서 사뭇 긴 시간표상에 놓여 있다. 그렇긴 하지만, ‘만국일통’이 불확실하거나 불가능한 미래는 아니었다. 인간의 시간표는 ‘만국일통’으로 가기 마련이라는 전망을 그는 자신 있게 하고 있었다.

혜강이 구상한 ‘만국일통’·‘우내녕정’은 장밋빛 환상이 아니요, 그 가능성을 가까이 목전에다 잡고 있는 것도 아니었다. 다만, 동서가 교통하는 세계 상황을 긍정적으로 바라보고 적극적으로 대응하려 한 점이 그의 독특한 사고방식이다. 어떤 사고의 논리에 의해서 이런 사상이 도출되었을까? 결론적으로 말해서 그 자신의 상업유통을 중요시하는 입장과 직결되어 있다.

물론 혜강이 농업을 경시하는 것은 아니다. “대개 나라는 농민이 없으면 나라가 될 수 없다.”(「측인」測人 ‘농’農, 『인정』) 이렇듯 농본적 사고를 유지하면서도 사·농·공·상을 바라보는 데서 특이한 면이 드러난다. 그는 논하기를 “사·농·공·상은 인민의 업業으로 네 가지 구분이 있지만 정교에서는 한 가지로 차등을 둘 수 없다”(「십여조사무」十餘條事務, 『승순사무』) 했으니, 사·농·공·상을 신분 등급이 아닌 사회적 분업으로 인식한 논법이다. 이 논법으로 조정은 공상인을 각기 능력에 따라 등

용해야 한다는 주장을 펴기도 했다.*

이 점은 당시 통념과 다르지만 실학파 학자들의 관점과는 대개 합치한다. 그리고 사士의 임무를 "농·공·상의 방략方略을 지도"하는 데 둔 것은 특히 박지원과 통하는 사고의 논리다. 요컨대 상공업의 중요성을 강조한 점에서 실학파 일반과 혜강은 다르지 않다. 그런데 상공업의 중요성을 주장함에 있어 중국 모델이 아닌 서양 모델로 눈을 돌린 점에서 다름이 드러난다.

> 서양 국가들은 상공인들이 사공事功을 이룬 것으로 대접받고 영예를 누리기 때문에 상공인들이 정력을 다 바쳐서 수립한 바가 크다. 이에 반해서 중국은 상공인을 비천하게 대우하기 때문에 상공업은 볼 만한 것이 없고, 대체로 먹고사는 수단쯤으로 여기는 사람들이 많다.
>
> 「십여조사무」十餘條事務, 『승순사무』

종래 실학파 학자들이 제시한 개혁 개방의 모형은 중국이었는데, 혜강의 경우 중국을 도리어 반면교사로 삼고 서양으로 시선을 돌린 것이다. 다름 아닌, 상업유통의 중요성에 착안한 때문이다. '농본상

* "말세의 풍속은 공상을 천한 직업으로 여겨서 어쩔 수 없이 먹고사는 일이나 도모하는 무리에게 맡겨 두어 공상인은 점차 천루(賤陋)한 지경에 이르게 되었다. 사람을 들어 쓰는 방도를 어찌 유독 공상인에 대해 시행하지 않을 것이랴."〔「용인문」 '공상통운화'(工商通運化), 『인정』〕

말'農本商末이란 전통적 관념으로부터 이탈해 사고의 중심이 상업유통으로 다가서 있다.

혜강은 상업의 중요성을 특히 해외 교역에서 발견한 것이다. 전 지구적으로 무역이 행해지는 현상 자체를 긍정적으로 내다보고 있다. "천하 물산이 만국으로 두루 통함을 따라, 교역에서는 이해로 따져지며, 견문에서는 경험이 더욱 넓혀진다."(「측인문」 '상'商, 『인정』) 자못 놀라운 발언이 아닐 수 없다. 해운을 통한 물화 유통이 수운水運보다 훨씬 많은 이득을 창출할 수 있음[5]을 그는 일찍이 간파했으니, 국제 교역이 갖는 경제적 이해를 말한 것은 당연한 귀결이라 하겠다. 그런데 거기서 그치지 않고, 혜강은 교역이 가져오는 효과로서 상호 교류를 통한 지식의 확대에 착안한 것이다. 동서가 열림으로써 지식의 교류가 확대되고 있는 사실을 그는 기회 있을 적마다 적극적으로 평가했던 터였다.

> 일국을 정치하는 자는 국내로 통상이 이루어지도록 해야 할 것이지만, 천하의 치평治平을 도모하는 자는 천하의 상인을 접촉해서 자부資斧(행객이 소지한 짐-인용자)를 손대지 말 일이요 인정을 막지 말 일이다. 이로 인해서 성기聲氣가 통하고 이로 인해서 교화가 바로잡힐 것이다.
>
> 「측인문」 '상'商, 『인정』

위에서 강조한 '천하의 치평'은 만국일통·우내녕정이란 대경륜을 성취하는 과정상의 문제라 하겠으며, '교화의 바로잡힘'은 혜강의 정치학인 '인정'人政의 목표다. 혜강이 기획한 전 지구적 연구 과제는 해외 통상·국제 교류를 전제로 하며, 그 방법을 통해서 성취할 수 있는 것으로 사고한 것이다. 그의 일통사상 자체를 상업유통에 기반한 사고의 논리로 볼 수 있겠다.

혜강은 해상에 출몰하는 선박의 부정적 측면에 대해 눈을 꽉 감고 있었던 것은 아니었다. 그는 이르기를 "천하를 주유周遊하는 상인은 국량局量이며 배포가 좌상坐商이나 행상行商 부류와는 다르다"고 하면서 "혹은 천하의 선도善道를 수합 채취하는 자도 있고, 혹은 병선兵船을 이끌고 침략을 일삼는 자도 있다"(「측인문」 '상'商, 『인정』)고 한다. 서세의 무력적 측면을 언급한 것이다. 그러면서도 이 측면을 중대한 문제로 인식하지는 않고 있다. 바로 위의 말에 이어서, 그러나 한 사람이 불량한 것으로 온 나라를 불량 국가로 규정짓는다면 말이 안 되듯 서양 제국諸國을 싸잡아서 불량 국가들처럼 단정하면 편협한 소견이라고 역설한 것이다.

이런 측면을 보면 혜강은 19세기 서구의 제국주의적 속성에 대한 이해가 부족했다. 아니, 그는 동서가 열린 긍정적 측면을 낙관한 나머지 무한히 진취적으로 전망한 셈이다. 이런 혜강의 특이한 사고의 논리는 어떻게 열릴 수 있었을까?

혜강은 서울에서 생활하며 생애를 마쳤는데, 본디 개성 사람이다. 조선조 사회에서 일종의 상업 특구였던 개성이 혜강의 출신 배경이다. (혜강의 학문을 가능케 했던 부는 개성에서 온 것이다.) 나는 이 점에 유의해 혜강의 독특한 사상을 그의 출신 배경과 관련지어서 설명해 보려고 한

바 있다. 그러면서도 "한 사상가를 그 자신의 출신 배경에 지나치게 천착해서 이해하고 싶지 않다"[6]고 한발 물러서는 태도를 취했었다. 지금 나는 이 문제를 다시 거론하면서 혜강학의 배경을 상업유통에 밀착시켜 해석한 셈이다.

다산과 혜강은 사고의 논리가 확연히 구분되는바, 농본적 사고의 틀에서 벗어나지 못했던 다산의 경우 해외 통상을 혜강처럼 적극적으로 강구하기 어려웠을 것이다. 혜강은 상업유통적 사고에 의해서 동서가 열린 시대를 낙관해 일통론을 구상하게 되었다고 말할 수 있다.

5

일통론의 높은 차원으로 확장과 정치

혜강학은 천하를 경리한다는 취지로 '치천하'治天下란 개념을 쓰고 있다. 종래 수신修身·제가齊家·치국治國·평천하平天下라는 유학적 실천의 최종 단계인 '평천하'와 혜강학의 '치천하'는 다른 개념이 아니다. 다만 천하라는 말의 내포 의미가 서로 같지 않다. 혜강학에서 천하는 중국 중심의 천하가 아니고 전 지구적으로 확장된 천하다. 그리하여 천하 경리의 방향을, "천하가 다 함께하는 근원에 의거해, 천하가 다 함께하는 가르침을 펴고 천하가 다 함께하는 교화를 행해야만 바야흐로 '치천하'라 할 수 있다"[7]고 뚜렷이 밝히고 있다.

종래 중국 중심적 일통은 사실상 국지적 일통에 지나지 못한 것이라고 그는 생각했다. 그것을 넘어선 전 지구적 일통을 도모하려면 완전히 차원이 다른, 천하 공통의 보편적 원칙을 제기해야만 했다.

만약 천하가 공통으로 하는 바를 제기하지 않고 일국 일가의 기왕에 시행한 규례나 한두 가지 물사物事의 혼자 추측해 얻은 것으로는 천하에 시행할 수 없는 것이다. 혹시 위력으로 강행한다면 반半 천하에도 미치기 어렵겠거늘, 어떻게 실효를 기대할 수 있으랴!

「치천하조」治天下條, 『명남루수록』

이처럼 혜강이 천하 공통의 원칙과 제도를 선결 과제로 제기한 데는 천하경리-우내일통을 구상함에 있어 폭력적인 지배나 병탄竝呑의 방식을 배제하려는 깊은 뜻이 담겨 있음을 짐작케 한다.

"일국을 다스림에 당해서는 의당 온 나라 사람들과 더불어 도모해야 할 것이지만, 천하를 경리함에 당해서는 의당 천하 사람들과 더불어 일통을 도모해야 할 것이다."

「각국생령조」各國生靈條, 『명남루수록』

그의 사고의 틀은 일국 중심을 벗어나서 천하를 포괄하고 있다. 그렇다 해서 일국적 차원을 무시하거나 망각하고 있는 것은 아니다. 하지만 그의 사고의 중심은 일국적 경계를 탈각해 있는 것이 분명해 보인다.

최한기가 처했던 19세기 역사의 행보는 일차적으로 민족(국민)국가를 수립하는 데 있었다고 보아야 할 것이다. 그런데 혜강학에서는 중국 중심적 세계의 극복 방향이 민족국가에서 그치지를 않고 그 너머로 나간 것이다. 혜강의 일통사상은 사상사적 비약이 아닐까? 이런 식의 비판이 충분히 가능할 것이다. 한편으로 생각해 보면 그런 비판을 받는 사고의 논리라면 그건 그대로 흥미롭고 또 설명할 필요가 있는 것은 아닐까?*

이 대목에서 그의 박애사상을 거론하고 싶다. 그는 정치학의 저서로 대표작인 『인정』에서 "사람이 자기 동류를 사랑하는 데 대소 광협이 있는바, 천하 인민에 일통하는 사랑이 가장 광대한 사랑이요, 타국 사람들을 얕잡아 보면서 자국의 인민만을 사랑하는 것이 그 다음이다. 사랑이란 한 고을 또는 한 가문에 그치는 경우에도 등급이 있어 한 사람만을 편애하는 자도 있다"고 했다. 그리고 원론으로 돌아가서 사랑〔愛〕과 인仁의 관계를 논한다.

---

* 혜강은 중국을 서양(그는 서국西國으로 지칭하고 있음)의 대칭으로 보아 '중서'(中西)라는 개념을 쓰고 있다. 중국은 문화적으로나 지리적으로 서양과 맞먹을 만큼 큰 덩치기 때문에 이렇게 생각한 면도 있지만, 혜강의 머리에 서양의 대칭으로서의 동양은 아직 들어와 있지 않은 것으로 보인다. 따라서 동양의 한 민족국가로서의 자아를 그는 의식하지 못하고 있는 것이다. 그렇지만 중국 중심 천하관에 머물러 있었던 것은 아니다. "천지의 운화는 중서의 차가 조금도 없는 것인즉 중서의 인민들이 승순(承順)을 좇아 행하는 것 또한 같지 않음이 없다."(「中西通用氣數道理」, 『承順事務』) 중국과 서양을 기학적 논리에 의거해서 동질성·보편성을 전제하고 있다. 나아가서 양자의 소통과 화합의 필요성을 역설한다. "…… 필경에는 중서가 서로 좋은 법을 취택하는데, 서국의 좋은 법을 중국에서 시행하되 손익(損益)을 하고 중국의 좋은 법을 서양에서 시행하되 변통을 해야 할 것이다. 이것이 사해 통일의 '승순사무'다."(위의 글) 혜강이 중화주의를 극복해 세계가 하나로 어울리는 '우내일통'을 사고한 것은 분명하다. 그러나 그의 사고의 논리에서 국가(nationstate) 개념은 모호하다는 점을 지적할 수 있다. 때문에 서양의 대칭으로서 '동양'이란 지역 개념을 내세우지 못한 것으로 보인다.

> 무릇 사랑이란 인仁을 베푸는 것이다. 천하의 생령들을 한결같이 보아 인도人道가 성립되니 교접交接을 제외하고선 인도가 성립하는 것이 아닌즉 인人과 물物을 박애하는 것이야말로 참사랑이다.
>
> 「용인문」 '애유대소'愛有大小, 『인정』

요컨대 최한기는 박애를 지고의 윤리적 가치로 인정하고 있다. 박애를 어떻게 평가할 것이냐는 문제는 사상사의 한 쟁점 사안이다. 일찍이 한유韓愈는 "박애하는 것을 인仁이라 한다"고 했다. 그러나 박애를 인으로 규정한 한유의 설은 친친親親*이란 유교 윤리의 기본에 위배된다 해서 정통 유자들에게 여지없이 매도를 당했던 터였다. 최한기는 박애를 긍정한 한유로부터 무제한으로 나가서 천하 인민을 한결같이 생각하고 '물'物에까지 미치는 광활한 사랑의 장을 열고 있다.

위 인용문에서 '교접'이란 인간이 서로 교류하고 접촉하는 사회적 관계 일체를 가리킨다. 혜강학은 일통을 성취하는 단계로서 '교접운화'를 설정하고 있는바, 여기에 박애는 필수적인 요소다.

요컨대 혜강학의 일통론은 박애 정신에 기반한 것임이 역력한데, 그 자신의 학문 자세와 직접적으로 관계되어 있다. "말을 하지 않으면

---

* '친친'(親親)은 어버이, 즉 가까운 사람을 더 가까이한다는 의미로, 맹자는 "어버이를 가까이하는 것은 인이며(親親仁也), 어른을 공경하는 것은 의라(敬長義也)"〔「진심」(盡心), 『맹자』(孟子)〕고 말한 바 있다. 길거리에서 만난 사람과 자기 부모에 대한 태도를 같이할 수 없다는 뜻에서 유교의 사랑은 등차적인 것이다.

그만이려니와 말을 하면 천하인이 취해 쓸 수 있고 발표하면 우내인宇內人이 감복할 수 있어야 한다."(「기학서」氣學序) 이것이 그가 생각한 학문의 의미였다. 학문의 효용성 및 이론의 타당성을 전 지구적 차원에서 검증하고자 한 것이다.

그의 학문 저서로서 『우주책』宇宙策이란 제목만 전하는 것이 있다. 그의 방대한 저술 목록에서 가장 자부한 책인데, 지금 전하질 않으니 유감이 아닐 수 없다. 『우주책』이란 제목으로 미루어 천문에 관련된 내용으로 생각하기 쉬운데, 실은 그렇지 않다. 『지구전요』地球典要라는 지리·천문에 관련한 저서의 범례에서 『우주책』 12권과 『지구전요』는 안과 밖의 관계에 있음을 밝히고 나서 덧붙인 말이 있다.

> 혹은 안에서 얻은 바로 밖에 실시하고, 혹은 밖에서 얻은 바로 자기 안을 가다듬는다.
>
> '범례'凡例, 『지구전요』

유학의 기본인 수기치인修己治人은 안과 밖의 논리다. 치인에 해당하는 밖이 『지구전요』임에 대해서 『우주책』은 안에 해당하는 것이다. 즉, 양자는 주체 확립과 세계 인식으로 관계가 맺어지고 있다. 우주란 개념을 남송의 학자 육구연陸九淵을 비롯해 조선의 학자 이익李瀷(1681~1763) 같은 분들은 상하사방上下四方과 왕고래금往古來今으로 해석해, 시공간을 하나의 전체로 사고했다. 『우주책』의 '우주'는 곧 이 개념이니 상하사방의 공간과 왕고래금의 시간 그 가운데 주체로서 자아를

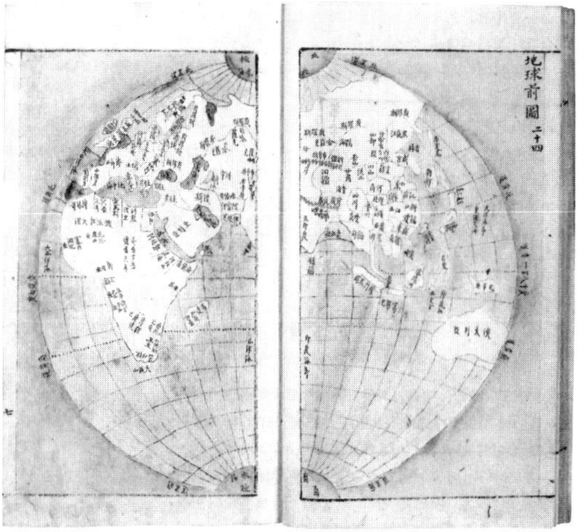

ⓒ황현만

『지구전요』에 실린 ‘지구도’. 아시아, 아프리카, 유럽 대륙이 그려져 있다. 『지구전요』는 최한기가 전 지구에 관해 새로운 지식 정보를 수집해서 엮은 책.

확립하기 위한 학적인 공작이다.

이 주체의 무한한 가능성을, 혜강은 “지혜는 만물의 변화를 종관하되 거짓이 없고 재능은 생민生民의 액운을 구제하되 자랑하지 않는다”(「지가종조」智可綜條, 『명남루수록』)고 명시한 다음, 무슨 방도로 그렇게 할 수 있느냐고 묻는다. 이 자문에 자답을 해, “아무리 천품이 특이하다 할지라도 필시 정교政教·학문을 통해 얻어지는 것이다”고 했다. 주체의 가능성을, 혜강학에서는 다른 어디가 아니고 학문을 통해, 그리고 정치적 실천으로 열라는 것이다.

『우주책』의 구체적인 내용은 지금으로선 확인할 길이 없다. 『명남루수록』에서 이 『우주책』에 대해 몇 번이나 언급하고 있는데, 그 핵심을 밝힌 대목을 들어 본다.

> 생각건대 이 『우주책』은 곧 여러 천 년 동안의 사해 서적들을 한 실내에 취합한 문견의 축적이며 증험證驗의 성과로서 이루어진 것이다. 4등 운화의 신기형질神氣形質은 전대에 밝히지 못한 것을 밝혔고, 후세에 응당 열어야 할 것을 열었다 하겠다. 늙음이 이미 닥쳤음을 생각할 겨를이 없으니 오직 날이 부족할 따름이로다. 계왕繼往은 대략 갖추었다 하겠으니 개래開來는 무궁할 것으로 생각한다.
>
> 「어천계급조」語踐階級條, 『명남루수록』

노학자로서 오직 남은 시간이 부족함을 걱정하며 저술에 매진하는 그 자세는 실로 거룩한 느낌마저 준다. 『우주책』이 동서의 학문을 회통해 인류적 학술 지식의 양질을 섭취했다는 의미에서 '계왕'이란 말을 썼을 터다. 또한 그 자신 창조적인 내용으로 자부, 인류의 미래를 위한 '개래'의 효과를 기대한 내용은 다름 아닌 '4등 운화'다.

> 일신의 신기운화神氣運化로부터 시작해 근원에서 지류까지 다 궁구해 밝히고, 나아가 교접운화交接運化로서 원근에 두루 통달하며, 또 나아가 통민운화統民運化로서 우내宇內에 통달하게 된다."
>
> 「어천계급조」, 『명남루수록』

"일신의 신기운화"란 주체의 활동에 속하는 기학적 개념이다. 전통적 논리로는 '수기'修己의 측면이다. 신기운화에서 교접운화로, 다시 통민운화로 확장해 나가면 우내일통宇內一統을 성취할 수 있게 된다는 논법이다. 위의 4등 운화는 바로 이 일련의 과정을 가리키는 듯하다. 그런데 『인정』의 범례를 보면 일련의 과정이 한결같이 대기운화를 본받고 따르는 것으로 말했다. 그리하여 일통운화는 천인天人의 하나됨인데, 그것을 인정人政의 요체로 보았다. "하늘에 있어서 대기운화와 인간에 있어서 정교운화는 다 함께 승순을 좇아 성취된다."(『승순사무』의 서문) 기학의 핵심적 논리다.

앞에서부터 '승순'이란 말이 여러 번 등장했다. 승순은 사실 학술적 개념으로서는 생소한데, 혜강이 특히 중요하게 쓴 기학적 용어다. 요컨대 천기를 이어받아(承天氣) 인간사를 순조롭게 한다(順人事)는 의미다. 혜강은 이 '승순'이라는 개념을 붙여서 따로 저술을 하기도 했다. 『승순사무』라는 책인데, 그의 기학을 총결산한 것이라고 보아도 좋을 내용이다. 혜강학에 있어서 '승순사무'는 다름 아닌 '정正의 정치' 다. '정의 정치'는 곧 '승순'에 달려 있는바 일통이 구현되는 자리라고 할 수 있다.

'정의 정치'란 무엇인가? 일찍이 공자는 "정치란 정이라"(政者正也)고 규정했던 터이므로 '정의 정치'가 따로 있는 것은 아니겠다. 정치 그것이다. 그런데 굳이 '정'을 앞에 붙인 것은 하늘과 인간 사이의 바른 도리를 찾아 정치를 하자는 뜻일 것이다. 그의 일통사상의 실현 방법론은 요컨대 정치에 있다고 말해도 좋다. 『인정』이 『기학』과 나란히 혜강학의 중심에 놓인 이유도 바로 여기에 있다. 그의 정치관을 표명한 한 대목을 인용해 본다.

우내(천하)에 통행하는 불변의 교학敎學은 응당 정치로 근본을 삼아야 할 것이다. 정치를 제외하고 교학을 설정하면 곧 이단이요, 정치를 해치면서 교학을 설정하면 곧 사도邪道다. 정치는 천지의 기화氣化로 표준을 삼아야 할 것이다. 만약 기화에 관계없이 정치를 시행하면 누습陋習이요, 또 알지도 못하는 기화를 지나치게 추구하고 증험하지 않은 기화에 집착해 정치를 도모하면 우속迂俗이 될 것이다.

「양회교문변」洋回敎文辨, 『지구전요』

인용문에서 '누습'이란 개명이 제대로 안 된 생활 상태를 가리키고, '우속'이란 실제 사정에 거리가 먼 경우를 가리키는 말이다. 오직 '정의 정치'를 구현해서 누습과 우속으로 흐르지 않도록 해야 한다는 취지를 담고 있는 것이다. 혜강은 종교에 빠지는 태도를 누습, 비과학적인 태도를 우속으로 간주했다.

그런데 앞에서부터 방금 인용문에까지도 사용된 개념들이 생소한 데다가 추상도가 워낙 높아서 무엇을 어떻게 하자는 것인지 선뜻 의미가 잡히지 않을 듯싶다. 독자의 이해를 돕기 위한 하나의 사례로서 상공인을 국정에 참여시킬 것을 주장한 그의 논리를 소개해 본다.

혜강은 국공國工과 국상國商이란 개념을 도입하고 있다. 상공업이 국리민복國利民福에 꼭 필요하다는 사실을 인식한 나머지 국가적 상공인을 상정한 것 같다. 국공과 국상에 대한 설명을 직접 들어 보자.

국공: "백공百工이 기계와 용구를 마련함에 있어 일을 간편하게 하는 것으

로 자랑을 삼고 견고하게 만드는 것으로 으뜸을 삼는다. 기괄機括(지모나 재능)이 있는 자는 기수氣數를 적절하게 맞춰 그 제도를 가장 편리하게 하니 이가 곧 국공이다. 이 또한 '운화의 기'를 좇아 습득한 것이다." *

국상: "상인이 물화物貨의 있고 없는 것을 교역해서 민용民用을 풍요롭게 하면 '사업'이 되지만, 이득을 탐내 취하기만 하면 수치가 된다. 풍흉을 살펴서 상평常平을 유지토록 하고 토의土宜를 헤아려서 수송의 편의를 조절하며, 나라에 조달할 물자가 있으면 성심으로 공급하는 것이 곧 국상이다. 이 또한 '승순운화의 기'에서 나오는 것이다."

「용인」 '공상통운하'工商通運化, 『인정』

위 글에서 뜻하는바 국공·국상이란 근대 국가의 주역이었고 오늘날에도 중심 역할을 하는 공상인에 해당한다고 보아도 좋을 것 같다. 혜강학에 있어서 주목할 점은 국공이나 국상이 되는 방도다. 요컨대 자연의 이법과 인사의 실정을 바르고 적확히 알아서 운용하는 데 달려 있다. 그것을 운화의 기수에 통달하는 것으로 혜강은 사고했던 터이니, 기학적 용어로 승순사무다. 국공·국상의 도는 '정의 정치'와 통하는 일이요, 그 일환이다. 이에 상공인을 중용하는 것이 정치의 발전에 유리하다는 혜강학 특유의 논리가 성립한 것이다.

---

* 국공(國工)이란 국가적인 기술자를 뜻하는 개념으로, 『주례』(周禮) 「고공기」(考工記)에 보인다. 이용후생을 중시했던 이강회(李綱會) 또한 "국공을 찾아서 정묘한 기술을 추구해야 할 것이다"(又訪國工 求索妙訣)_(「차설 답객난」車設答客難)는 주장을 펴고 있다.

6

동서의 학적 만남에서 기학과 경학

5장에서는 최한기의 기학을 동서가 만난 시대에서 창출된, 서양이 주도한 근대 세계에 주체적·적극적인 대응을 모색한 학문 체계로 해석한 것이다. 동 시기의 선배 정약용의 경우 경학을 중심으로 학문 체계를 수립했던바 이 또한 서양의 종교적 침투에 대응하는 의미를 지녔던 것이다. 다산 경학과 혜강 기학은 '동서의 학적 만남의 두 길'이라고 볼 수 있다. 이 양자를 간략히 비교하는 말로써 결론을 대신해 둘까 한다.

다산은 경학으로 성리학을 부정하고 이탈해 자기의 학문 체계를 구축한 데 반해서, 혜강은 기학으로 성리학을 해체하고 탈경학의 입장에서 하나의 학문 체계를 구축했다. 다 같이 기존의 학적 사고의 논리로부터 전면적 전환이 이루어졌다는 평가를 내릴 수 있는바, 실학으로 묶이는 공통성을 지니고 있다. 그럼에도 양자는 패러다임 자체가 서로 다르다. 경학이고 기학이다.

이렇듯 전혀 다른 두 거대한 학문 체계의 차이는 '천관'에서 비롯되었다고 보는 것이 나의 견해다. 요컨대 '강감降監의 천天'을 사고한 다산의 경우 경학으로, '운화運化의 천'을 사고한 혜강의 경우 기학으로 체계를 잡았다고 판단한 것이다.

경학 중심의 다산학은 일견 '경전적 고대로의 복귀'로 비쳐질 수 있다. 하지만 '인격신적 주재자'로서의 천의 존재를 발견함으로써 경전의 의미를 재해석한 것이 곧 호한한 질량으로 이루어진 다산 경학이다. 때문에 다산 경학은 경학사에서 일국적 경계를 넘어서 뛰어난 업적이요, 독특한 성격으로 평가할 수 있는 것이다. 특히 주목할바 천을 신앙의 대상으로 파악하고 천리天理를 부인함에 따라 우주 자연의 이치를 그 자체로 분리해서 인식할 수 있게 된 점이다. 이에 천을 도덕적 실천의 담보자로서 분립시킨 한편에 과학으로 나갈 문을 열었다. 다산 경학은 서양학과의 만남을 위한 이론적 준비라는 심장한 의미를 지닌 것으로 해석할 소지가 충분히 있다.

혜강학=기학은 동양 고래의 기氣 개념에 서양 근대 과학의 성과를 수용한 형태다. 천인합일天人合一이란 동양적 사고의 논리에 의거한 것이었다. 이 점에서 혜강학은 다산학에 비해 오히려 동양적 틀에 매여 있으며, 서양의 과학적 사고와 위배되는 것도 같다. 이런 면모는 서양적 잣대로 판정해 버리기 쉬운데 그렇게 해서는 바람직하지 않으며, 지구적 일통을 모색하고 서양 학문과의 만남을 위한 방법론으로 해석해야 할 것이다.

주

1 「無論國之遠近條」, 『明南樓隨錄』(『增補 明南樓叢書』 5, 大東文化硏究院), 296쪽.

2 "無論國之遠近·人之尊卑, 擇取其所著籍, 非獨乎我心所好, 實有取乎宇內賢知所共悅樂·天地氣化所同範圍."(위와 같음)

3 「叢石亭觀日出」, 『燕巖集』 권4.

4 崔南善, 『朝鮮常識問答續編』(東明社, 1949), 262~263쪽.
이 책에서 "진역(震域: 우리나라를 가리키는 표현)의 최대의 저술은 무엇입니까"라는 문항에 대해, 최남선이 개인적인 저술로 열거한 것은 다음과 같다.

송시열(宋時烈)—『송자대전』(宋子大全) 215권 102책
정조(正祖)—『홍재전서』(弘齋全書) 184권 100책
서명응(徐命膺)—『보만재총서』(保晩齋叢書) 수백 권
정약용(丁若鏞)—『여유당전서』(與猶堂全書) 500권
성해응(成海應)—『연경재전집』(硏經齋全集) 160권
최한기(崔漢綺)—『명남루총서』(明南樓叢書) 1000권

5 「海舶周通」, 『推測錄』 권6 장62~63(『增補 明南樓叢書』 1), 215~216쪽.

6 임형택, 「개항기 유교지식인의 '근대' 대응논리: 惠岡 崔漢綺의 氣學을 중심으로」, 『大東文化硏究』 제38집, 2001.

7 「各國生靈條」, 『明南樓隨錄』(위의 책 5), 298쪽.

찾아보기

임형택